时空之易

周世蕲

著

团结出版社

图书在版编目（CIP）数据

时空之易 / 周世蕲著. -- 北京：团结出版社，
2023. 8
ISBN 978-7-5234-0220-7

Ⅰ. ①时… Ⅱ. ①周… Ⅲ. ①《周易》-研究 Ⅳ.
①B221. 5

中国国家版本馆 CIP 数据核字（2023）第 111745 号

出	版：	团结出版社
		（北京市东城区东皇城根南街 84 号 邮编：100006）
电	话：	（010）65228880　65244790
网	址：	www. tjpress. com
E -	mail：	65244790@ 163. com
经	销：	全国新华书店
印	刷：	四川科德彩色数码科技有限公司
开	本：	145mm×210mm　1/32
印	张：	7. 375
字	数：	155 千字
版	次：	2023 年 8 月第 1 版
印	次：	2023 年 8 月第 1 次印刷
书	号：	ISBN 978-7-5234-0220-7
定	价：	68. 00 元

前　言

时空是时间与空间的简称，是万物生存的世界，也是天文学、物理学和哲学的基本概念。

天文学上，时空是人们对天体（星球）及其运动，以及相互作用的观测、记录，并从中抽象出来的。中国古代观测日月星辰的运行，制定一年四季十二月，确定农业生产的时间，提出"盖天说""宣夜说""浑天说"等学说，为认识人类生存的宇宙空间提供了理论模型。

物理学上，时空曲率，是天体对于其周边时空的扭曲。引力波是时空曲率中以波的形式传播的扰动，这种波会以引力辐射的形式传递能量。这与中国传统文化中的"炁"的性质十分吻合。

本书的五运六气章节旨在阐明引力波（炁）在中医医疗上的用途，讲述百姓日用而不知的道理。

哲学上，以《易经》为首的黄帝老子思想理论，对空间和时间的依存、转化关系展现出万物的演化秩序。其主要有《易经》揭示的"两仪""乾坤"，《道德经》阐述的"道"，杂家《尸子》最早提出的"宇宙"，以及儒家思想里的"时位"，释家给出的

"世界"等概念。

本书旨在通过对三易的探本溯源，弄清楚三易卦序与时空的运行规律。

人们对于时空的研究，本是物理学的任务，从相对论到弦论，从大爆炸到黑洞，都是想知道人类生存与未来到底是什么样子。但是，现代物理学遇到了很大的问题，其理论本身存在很大的缺陷，诸如最为流行的量子力学，为了满足其正弦函数的自洽，不得已引进"虚时间"，这就闹出让人们穿越过去或邂逅未来的笑话。现代物理学向唯心方向的发展已经走进了死胡同。

中国古代天文学对星球的观察以及对社会的影响，是三易的天文基础，三易是描述时空变化的正确的理论，是研究宇宙秩序较好的科学。能够准确预测时空的运行方向。比如，其中的辟卦和阖卦就是很好的例子。

据《宋史·邵雍传》记载，《伏羲先天六十四卦方圆图》是被北宋的邵雍第一个公开的。明代大学者朱熹说，邵雍的先天图来自晚唐的陈抟，陈抟又自东汉的方士家传下来得到的。清代大儒全祖望评价邵雍是"别为一家"。而这种别具一格，反倒使邵雍摆脱了前人窠臼，没有陷入《周易》研究的俗套中。尽管如此，邵雍仅仅是从卦序排列上做出了贡献，并没有给出伏羲八卦卦序的起源和天文学的依据。

历代人们认为神农八卦是《连山易》，但是几千年来难觅其踪影。现在，我们根据出土文献和卦象卦理推断，其实，它就藏在《周易》之中。这可能也是我们周家老祖宗周文王敬奉神农的原因吧。

马王堆出土的西汉帛书卦，与《周易》和伏羲八卦方圆图的卦序完全不同，现代很多中外学者都在研究，但是没有一个定论。

　　本书通过对传统文化中的典籍、出土文献通考，着重研究"气"与时空的关系 以及从"气"对中医运气学的构建所起作用入手，借助古天文占星学的观测记录，分析三易的卦序来源的依据，阐述三易对人文社会的现实意义。

　　本书研究所取得的收获大约有以下几点：

　　1. 解读了马王堆西汉出土文物《太一出行图》，并从中引导出三易的卦序来源和依据。

　　2. 用古天文占星学精准解释了十七个卦的卦象、卦爻、卦辞，让人们更容易读懂《易经》。

　　3. 复原了黄帝中天八卦图，为分子生物学的基因密码工程和基因检测提供了操作系统。

　　4. 证明了古代韩国预测名著《格庵遗录》是从中国流传过去的事实。

　　5. 对辟卦纳支，阖卦纳甲的归纳总结，为中医基础理论运气学提供了象数模型。

　　6. 提出六十四卦与二十种氨基酸的唯一对应，为中医高效安全地治疗糖尿病提供了新思路。

　　以此作为前言，不当之处，请方家批评指正，为感！

　　（此书的出版得到了湖南省伏羲文化研究会的大力支持，特此感谢钟志平教授、王佩良博士和肖敬东秘书长的帮助。）

目 录 | CONTENTS

第一章　马王堆西汉帛画描绘的宇宙

词曰：

江城子·太一出行

东来归夏西藏冬。左雨师，右雷公。

长须朱颜，相聚四仙翁。镇守四方谁敢动，星昴事，正仲冬。

大音青钟云炉红。心明堂，参权衡。南北春来秋去，日宵中。

炎黄理政方略是，柔节先，正法容。

在湖南省博物馆扩建开馆之后，一张残缺不全的帛画，点燃了观众的探古热情——奇异的武士、威猛的巨龙、玄幻的境界被帛画中众神张目吐舌的表情吸引。极富张力的画面，定格在哪段历史？配插的文字，又在讲述着怎样的神话？

这幅惊艳世界的叫作《太一出行图》的帛画，是 1973 年长沙马王堆西汉古墓出土的文物。正是这幅 2000 多年前的帛画，居然让中外学者们持续研究了近三十年。画的虽是太一带领众神出行，其实隐藏着很深的含义在里面。

正面右边头戴山型帽高举橶的仙人，是青帝将军。边上也戴山型帽高举长矛的神人，是白帝将军。穿着裘衣侧着鸟状头的是赤帝将军。双肩耸立手执长钺十分严肃的是黑帝将军。

青帝将军特别不简单，名称灵威仰，统御东方，头顶着亢宿三光，手举房宿四表为橶旗。高呼："我青帝在此，百刃不敢起！"（帛画中题记标明）

白帝将军为西方白招拒，头戴娄三星山型帽，手握昴七星作矛。口中大喊："我白帝在此，百兵不敢动！"（帛画中题记标明）

赤帝将军一副胸有成竹的样子，头戴七星宿，以南方巨鸟朱雀作头盔，身穿避矢衣，是用舆鬼五星做盾锸，唤为赤嫖怒。怒吼道："我虎裘衣在此，弓矢莫敢来！"（帛画中题记标明）

黑帝将军汁光纪威风凛凛，头顶牛宿牛角，高耸虚宿二星作肩胛，手执南斗铁钺，雄居北方。

四个仙人的着装，青帝将军上身穿着青色短衫，下边一条红色裙子。白帝将军一件白色短袖衫，一条黑白相间短裙。赤帝将军则是全身红色避矢衣。黑帝将军一身黑色连衣裙。他们都是步伐一致地由西向东列队出行。

这是四帝人形特征的写照。他们都是得到北极天皇大帝太一的精气而生。青帝的精气为东方七宿青龙。白帝精气是西方七宿白虎，赤帝的精气为南方七宿朱雀，黑帝之精为北方七宿玄武。这四色天帝衣着整齐，实力也强大。他们主管周天二十八宿的运行，制造五运六气影响地球上的万事万物，特别是我们人类的身体健康，让人联想到《黄帝内经》中最早一幅天象图《五运经天图》。此图揭示了四色天帝产生五行气运。据记载：赤帝赤色的天气，经过牛、女二宿及西北方的戊分；黄帝黄色的天气，经过心、尾二宿及东南方的已分；青帝青色的天气，经过危、室二宿与柳、鬼二宿之间；白帝白色的天气，经过亢、氐二宿与昴、毕二宿之间；黑帝黑色的天气，经过张、翼二宿与娄、胃二宿之间。所谓戊分，即奎、壁二宿所在处，己分，即角、轸二宿所在处，奎、壁正当秋分时，日渐短，气渐寒，角、轸正当春分时，日渐长，气渐暖，所以是天地阴阳的门户。这是打开五运六气之门的钥匙，可以摘取中医学皇冠顶上的明珠。

正面下方有三条龙成品字形排列。头上顶着有圆圈的黄首青身龙，是勾陈和天一（太阴）。黄首代表黄龙勾陈星座，青身显然是青龙天一（太阴）星，现代称之为哈雷彗星。

左边也是一条黄首青身龙，双爪捧着容器，这是轩辕星和参星。黄首为黄龙轩辕十七星，青身是钟龙参宿十星。右边前爪把持着红色火炉的赤首黄身龙，是心宿和咸池。赤首是红色心宿的象征，黄身为黄龙咸池即五车星。古人的绘画非常有艺术，仅仅用较少的笔墨，就能勾画出宏伟深远的意境。从帛画中看，这三条赤青黄色的麟身头角四足龙，其实就是易经乾卦里说的六条交龙。它们就是潜龙、见龙、惕龙、跃龙、飞龙和亢龙。这里我们要重点说一下作为潜龙的勾陈，在韩国名著《格庵遗录》中指出，黄帝将军为勾陈。可见，黄龙勾陈是五色天帝黄帝之精气，代表中央土，是黄帝含枢纽。因为是潜龙，所以隐藏了真身。

帛画中的几件器物也有说法。黄龙勾陈头上的圆圈，是指月亮，准确地说应该是月亮运行的轨道，即月道，也称之为白道；被轩辕和参宿捧在手心里的，是太白金星；而被心宿和咸池小心持奉着的红色物，是荧惑火星与水星的组合体。尽管表面看来是炉子里面烧着炭火，其实它们还有更深远的人文意义，我们将在后面的章节里揭秘。

正面上方头戴北斗，上穿青衣黑下裳，腋下夹着太阳的，是北极星天皇大帝太一。太一帝左文丞相右武将军，即雨师和雷公。雨师是岁星木星，雷公为填星土星。太一帝腋下圆圈中的"社"字，一直以来都是中外学者争论的焦点。社是土地总神，代表地球。为什么代表地球的社字又在太一帝的腋下呢？有人不禁要问。其实，太一帝怀抱太阳，他腋下圆圈是黄道，即古代认为以地球为中心太阳绕地球运行的轨道。中间的社字就是地球。刘向《洪范传》说："日者，其气布德，而主在地。日德者，生之类也。"在春秋战国时期，楚国伟大的天文学家甘德也说过："日，其气布德，而至生本在地，曰德。德者，生之类。"这就说明太一帝腋下圆圈与其中的社字，组合在一起表示为日，为德。黄龙勾陈头顶着的圆圈，代表月，为刑。古代天文学有日食修德月食修刑的说法。《太平御览》说："黄色正方居日间，曰五光。"出土文物额济纳汉简一篇文辞：

欲急行出邑，禹步三，唬"皋"，祝曰："土五光，今日利以行，行毋死。已辟除道，莫敢义当，狱史、壮者皆道道旁。"

不言而喻，这里的土五光就是太一腋下圆圈中的"社"字。

总结就是，这幅汉代帛画所描绘的，是宇宙星体，以及对人类命运共同体所产生的作用。北斗七星高照并运枢四方，分辨阴阳，确定四季，执行着太一帝的指令。太一帝出行带领文武百官，用日月五星这七政，规范宇宙程序。四大天帝则是太一帝的军事主管和执法者，统领着二十八宿的恒星世界。

现在我们综述一下，中央大帝北极星内含元气，是产生出道的太一，用北斗星来发布政令，开创天地的命运，安排日月星辰运行的秩序，流行的精气产生出一即道，并树立了黄帝钩陈的地位，另外给四色四方天帝起了名号。

北斗七星作为太一天帝的帽子，执行天帝的命令，发布天帝的政令，亲自指挥治理四方，将阴阳二气区分开来，建立四季，斗柄指向东南西北四方，天下就分别出现春夏秋冬四季。确立五行的纲纪，执行着太一的事业。

太阳是幸运儿，被太一天帝抱在怀里，饱含阳气，积累阳气的热力生出火气，绽放着天帝的光芒，散布着充满生命力的德气，照耀大地。

地球（社）虽然被太阳的光辉笼罩着，但它却是太阳的主子，因为地球承载万物生长，有好生之德，又称之为五光。这就是帛画中"社"为什么在太一天帝腋下的缘由。

钩陈黄帝既然已经被太一天帝树立起来，化为黄龙当作天帝的坐骑，帮助天帝统御四方。天一（哈雷彗星）化为青龙与钩陈一起载着太一天帝巡视宇宙。

东方七宿是青帝灵威仰之精气，司掌五行中的木气，头戴亢宿山形帽，这是水星运行到帽子边上时天下流行着秋分时令。左手中高举房宿天旗，为人与天道确定位置，指引日月运行的正确道路和方向。

西方七宿是白帝白招拒之精气，司掌五行中的金气，头顶娄宿山形帽，当水星运行到帽子附近的时候，大地上就流行春分时令。左手高举昴宿作为矛，指定天路，即所有的星辰运行到了西边极点。

南方七宿为赤帝赤熛怒之精气，鸟头状是东井鹑首，鸟颈为舆鬼中星，每当水星运行到头颈部位，天下流行夏至时令。身穿七星衣裳，可以避开弓箭，就是现在所说的防弹衣。

北方七宿是黑帝汁光纪之精气。头顶牛角牵牛六星，每当水星运行到牛角周围的时候，大地上就流行冬至时令。双手执握着南斗铁钺。因为日月五星经常从这里贯穿而行的中道，所以它是天子的正旗，主宰着天子的寿命长短。后来有南斗注生之说。双肩背着虚宿二星十分突出，表示所有的星运行到这里就是到了最北极。

位在东方的雨师木星，作为青帝之子，每年运行一个星次，十二年运行一周天，他总是伴随在太一天帝右边，担任文臣之职，主管仁义和德气。其神下变化成太乙真人，在屈原的诗词里赞美为东皇太一。

雷公土星，是黄帝含枢纽之子，每年运行到一个星宿，大约三十年运行一周天。他总伴随在太一天帝左边，担任武将，主管五常中的信。

因为木星与土星相会的周期是二十年，所以人们将这二十年作为天一（哈雷彗星）的纪年单位，名为一纪，天一的公转周期是七十六年，二十纪为一千五百二十年。

水星又称鼎星或灶星，所以在帛画中绘制成炉的形状。它是北方的水精，黑帝之子，立冬主北维，调和阴阳，效正四季，执权而治冬季。于五常为智，主管德气。每隔六十年，水星、木星和土星就会在一条直线上，人们就将六十年称为一甲子年。

火星是火的精气，位在南方，是赤帝之子，于五常主礼，执行夏政。与金星为一对雄雌，因为它的红色胜过金星，所以说它是雄性，金星为雌性。帛画中把它描绘成炉上的红色，表示鼎灶是需要生火煮食物的。

火星与天一（哈雷彗星）都是侯星，古人将二至二分之星称之为侯星。天一是冬至时令的观测标志星，火星为夏至时令的观测标志星。它们都主管时令阴阳二气的变化。这是因为冬至是阴气长到极点，阳气开始萌发，冬至为德。夏至则是阳气升到极点，阴气开始萌生，夏至为刑。

火星下变为先农之神，应该是神农氏，炎帝正好以火炎称呼，《左传》记载炎帝以火纪，其实是指借助对大火星运行变化的观测记录，来确定季节，规定农时，也是针对大火星（即心宿）的崇拜。

同为红色的心宿，也与火星一起当作记录时间的观测星。在帛画中用红色的龙头象征，因心宿位于东方七宿苍龙的中间，称之为龙心。心宿开启德气，发布阳气，是太一的明堂。后来，高辛帝的儿子被迁到商丘，主祀心宿，又称为商星。

咸池星宿古代称为丰际太阴，是火星丰隆神常居的地方，也是东方七宿苍龙的宿舍，又名叫黄龙。是五帝的车骑，称之为五车星。它的五颗星分别被五星神主管，令尉神（大音）主管西北方的天库大星，对应金星；风伯主管东北方的狱星，对应水星；雨师主管东方天仓星，对应木星；雷公主管东南方的司空星，对应土星；丰隆主管西南方的乡星，对应火星。因为有五星神的照顾，所以五车星主宰着大地上的五谷丰登。这五谷分别是大豆、稻米、麻、粟和麦。这些农作物的种植与神农炎帝的功劳是分不开的。据《易经》记载，伏羲没落了以后，神农氏兴起。砍断木头做成耜，烤弯木头做耒，把耒耜的利处教给天下人民耕种。因为日月五星对五谷粮食的作用十分重要，所以神农炎帝把自己当作太阳，以此为中心，观测到五星、天一（哈雷彗星）以及月亮与地球距离太阳的远近，用八卦记录下来，成为神农八卦的卦序。

帛画中把它绘作黄身龙，与心宿赤首龙一起，持奉着风伯水星炉神与火星丰隆神。题记"黄龙持炉"，其实就是在歌颂神农炎帝的丰功伟绩。

金星名为启明星，位在西方，是白帝之子，主管秋季。主导战争，主管杀伐，正刑法，代表法律、法规，在五常为义。帛画中被绘制成容的形状，说明容即是法。

金星又称观星，也称为太皞，太皞就是伏羲，这与伏羲以金星作为观测星有关系。金星从西方出现在天空时称之为太白，有时在南方天空出现，当它在东南方向的天空出现时称之为明星，它出现在东北的天空时叫观星。伏羲根据金星从西至南到东再往北在天空中留下来的轨迹，用伏羲八卦记录下来，成为先天八卦的卦序。这是后面章节要详细解释的。

轩辕星作为黄龙之首，可能与轩辕黄帝有关联。它名为权星，统领雷公和雨师。传说中的雷祖就是我们人文始祖黄帝，黄帝本姓公孙，后改姬姓，故称姬轩辕。

轩辕星为含枢纽黄帝的座位，主管另外四方四色天帝，在帛画中就是中间部分的四个武弟子，他们按照东西南北中的方向为顺序列队出行。轩辕黄帝用八卦记录下来，形成了黄帝中天八卦的卦序。

参宿称为衡星，名叫钟龙。主斩杀，主管军事战争，是太一的将军。行刑罚，又主权衡，执法公平公正，有理有节。

帛画将参宿画成青龙之身，表明它是轩辕黄帝的将军和军队，坚决执行黄帝的命令。帛画的题记"青龙奉容"，正好说明了轩辕黄帝以法治军，以法治国，刑德兼备的理政方略。

有诗为证：

大　雪

冬日照空旷，黄钟启火阳。

大雪三湘度，来复七日长。

寒号始喋声，苍野犹玄黄。

欲画无穷意，黄龙已潜藏。

太一出行图

第二章　容与炉的造化

诗曰：

小寒咏梅

大雁北飞知小寒，喜鹊筑巢识阴阳。

天籁大吕鸣彻夜，临风蜡梅另眼看。

我们再看马王堆西汉帛画中的题记："黄龙持鑪"。这"鑪"到底是什么意思呢？为什么值得赤首黄身这两条龙来捧在手心，作为掌上明珠？

鑪为炉冶，水土合成炉，炉成烁金，烁金火兴。赤首黄身龙的赤首，代表东方七宿的心宿，心宿属木。黄龙持炉，有木生火之意，木火一家，这是丹道五行的说法，此其一。

鑪为炉炭，飞廉扇炭，屏翳营炉。飞廉为风伯，屏翳为丰隆，为云神。炉为丰隆，丰隆为荧惑之神，代表火星。

黄龙持铲，黄龙御云之意，召集火气，这是春秋纬书的说法，此其二。

神农炎帝权炭土，确定两分两至，制历日。这是历史学家的说法，此其三。

鑪为天地造化。《三命通会》："炉中火者，天地为炉，阴阳为炭。腾光辉于宇宙，成陶冶于乾坤。"《庄子·大宗师》："今一以天地为大鑪，以造化为大冶，恶乎往而不可哉！"后因以"地炉"为大地陶冶万物的神炉。此其四。

鑪为炉鼎，炉灶。因为太白金星又名鼎星，灶星，所以炉为太白金星，主礼，礼成为天意。这是天文学星象学的说法。此其五。

鑪，与"盧"是通假字。关于盧，到底是什么意思呢？首先，我们不妨从出土文物里找线索。经过检索出土文献发现，马王堆西汉帛书《五行》篇里有关键一句话："孔子之闻轻者之鼓而得夏之盧也。"这盧可以断定为鼓之类的乐器。从目前出土的夏朝乐舞文物来看，1980 年在山西临汾地区襄汾县陶寺出土了土鼓、鼍鼓、特磬三件乐器，这些被称为轻者之鼓的文物，属于新石器时代晚期的龙山文化，大约为公元前 2300 年，相当于夏朝。同时出土的还有龙盘一件。

我们再比较一下马王堆西汉帛画中的鑪与陶寺遗址出土的土鼓，惊讶地发现它们的形状是那么的相似，都是上部分小下部分大，都像一个容器，都呈现的土陶质地的暗红色。现在就可以判断这个鑪就是土鼓无疑。

明代诗人刘基说："云随太乙拥锋旗，鼍为丰隆作灵鼓。"丰隆是荧惑火星之神，而火星称为赤星，为火精，五行属火。帛画中鑪的外表为红色，表示鑪中有火在熊熊燃烧，是丰隆神的外在表现。

因为丰隆是荧惑火星的主宰神，而荧惑火星之精下为风伯，风伯为辰星之神。辰星之精又下为先农之神，估计就是神农的来历。这是荧惑火星与辰星在一起的原因。他们的关系如同炉与火一样共生共存，象征着水火容于一炉，而鼓作为礼器用来节律礼之乐。

辰星为镴，是土鼓。用古代著名的天文占卜家巫咸的话佐证："辰星失其常，贼入且昌，社稷倾，亡事行，修鼓革，男女更，治事不治。"按照现代的话来说，修复好鼓皮，就可以弥补在辰星运行失常的时候所产生的灾害。这就说明了辰星与鼓的对应关系。

另据古天文星象学家郗萌介绍，荧惑火星和辰星经过心宿时的预测结果都是一样的吉祥。心宿与荧惑火星在一起的时光，明明在下，赫赫在上，就好比黄龙持炉这样美好。而咸池五车星与辰星水星本来就是志同道合的朋友，他们都是同属水一类。辰星为水精，咸池是水宫，号称水鱼之神的禁宫。古星象学家石申就说过，咸池是丰际太阴神，与丰隆神居在一起。

陶寺遗址的龙盘正好与帛画中黄龙持炉的黄龙对应起来。因为龙的赤首代表心宿，而心宿为明堂。依据史书记载，心宿又是神农时期作为纪时观察的对象。龙的黄身代表咸池五车星，而咸池是宫殿。这样，我们可以想见，黄龙持炉的寓意应该是神农炎帝在明堂祀祭天帝和祖先，并使用了土鼓这种舞乐礼器。

土鼓是以陶土为框，顶部和底部两面都蒙皮，用来敲击的乐器。可能是由日常用具如土炉土鼎改制演变而成。据《礼记·郊特牲》记载："伊耆氏始为蜡。"郑玄注："伊耆氏，古天子号也。"孔颖达疏："《明堂》云：'土鼓、苇籥，伊耆氏之乐。'《礼运》云：'夫礼之初，始诸饮食，蒉桴而土鼓。'俱称土鼓，则伊耆氏，神农也。以其初为田事，故为蜡祭，以报天也。"南朝梁刘勰《文心雕龙·祝盟》说："昔伊耆始蜡，以祭八神。"周振甫注："伊耆，神农氏，为三皇之一。"这里的伊耆氏就是神农氏，神农氏发明有土制的鼓，用草编成的鼓槌敲击出鼓乐。还有《吕氏春秋·古乐篇》说：尧命质用麋鹿皮蒙在瓦缶的口上，用来敲击凑乐，也就是这样的土鼓，用来作祭祀八大天神的舞乐礼器。

在此，我们不妨脑洞大开一下，估计这八大天神，就是包括地球在内的八大行星天体。神农炎帝正以此为观测对象，创造出了举世闻名的神农八卦。

因为荧惑火星是火精，心宿是明堂是大火星，而神农炎帝也代表了南方的火行。神农之治时期所用的官员，也是因观察火星纪时而以火命名的。马王堆西汉帛画中的炉表示鼎星，是辰星水之精气，水的本性为柔顺润下，即马王堆西汉帛书《黄帝书》中所说的柔节。因此，我们可以这样认为，赤首黄身龙持捧着炉火的人文意义，应该与神农之治有关联。

依据马王堆西汉帛书《黄帝书》记载：神农治理天下之时，他内心安静而没有偏执滞留，诚心守一执道而别无所求。行为从容正定而不躁动，智慧藏匿于胸中而不显露于身外，只怀着一颗仁爱真诚之心。以仁德治天下，四海宁静，万民安乐。按照《淮南子·主术篇》上的描绘说："因而自然界甘雨及时降落，五谷繁茂生长，春生夏长，秋收冬藏。按月检查，每季考察，到年底向天帝和祖宗神灵汇报丰收成功的喜讯，按季节品尝新谷，在明堂祭祀天帝祖宗神灵。明堂的建制式样，有天穹一样的圆形顶盖而无四面墙壁，但风雨却不能侵袭，寒暑也不能伤害。每当祭祀祖宗神灵时，怀着公心养育民众的神农氏率领随从胸襟坦荡、步履从容地进入明堂。他的民众朴素稳重、正直诚实，不用互相争夺，因为财物富足，不用过分劳累身体而能大功告成。他凭借着大自然的资助，而与天地自然融会一体。所以，他尽管身处威厉地位，但却从不逞威逞凶；制定刑法政令，但却不必动用；法令简略而不繁杂，所以对民众的教化功效神奇。他的管辖范围南到交趾，北到幽都，东到旸谷，西到三危，各处无不听从归附。在这个时候，法律宽厚，刑罚轻缓，监狱空虚，而天下风俗却纯一，谁也不怀奸诈之心。"以柔节为国之典法，所以产生治国柔慈安静的效果。可见黄龙持炉所表达的就是神农之治的盛况。

帛画的中部左边，一条黄首青身巨龙盘踞，一个青色的上窄下宽的葫芦状的容器位于龙头边上。题记为："青龙奉容"。我们不禁疑问：这容器到底是什么东西啊？

容，顾名思义是包容。"大肚能容，容天下难容之事。有容乃大。孔德之容，唯道是从。"这些都是容纳，宽容之义。

容通颂，颂是宽恕，包容的意思。而颂又通诵，诵即甬，当然不仅仅是宁波城市的简称。这里的甬，是指甬钟。当然，宁波应家遗址就出土了战国时期原始瓷甬钟。马王堆西汉帛画中的黄首青身龙所捧的容，从表面上看就与甬钟相似。我们再看看我国出土文物中知名度比较高的甬钟，就可以得出甬钟与容确为同一物件的结论。

据最近媒体报道，咸宁市通山县出土了西周甬钟，这件甬钟高约95厘米，重约125公斤，是目前发现最重的青铜礼器。

青铜甬钟的甬部均为上细下粗的带有锥度的圆柱形，是我国商周以来流行的一种打击乐器。被编入编钟时，甬钟被牢固悬挂在钟架上，大小成编，配套使用，敲打成音。和青铜鼎一样，代表着一定的身份等级标准，几乎贯穿了整个奴隶制社会。

容为什么是太白金星呢？

春秋时期政治家、军事家管仲创作了叫作《管子·五行》的名篇，其中：

"昔黄帝以其缓急作五声，以政五钟。令其五钟，一曰青钟大音，二曰赤钟重心，三曰黄钟洒光，四曰景钟昧其明，五曰黑钟隐其常。五声既调，然后作立五行以正天时，五官以正人位。人与天调，然后，天地之美生。"

这段文章歌颂黄帝制作五钟，用来调正五声，作立五行，以便对正天时，设置五种官员的职位，来观察日月星辰的变化，让人们的生活、生产与四季相适应，然后人们就可以安居乐业了。这就是黄帝制作五钟的意义所在。

而文中首先就介绍了青钟称为大音。既然帛画中的容为钟，又是黄帝（轩辕）所造，那肯定是大音。

据《开元占经·五车星占》解释，大音是太白金星之神，那么，容在帛画中可以当成太白金星了。正巧，双手捧着它的就是黄首青身龙，黄首龙就是轩辕黄帝，也代表轩辕星宿。

容是法，即准则，尺度，度量衡的标准。道生法，法是太一天帝所生，也称之为天法。既然是天法，制定了就得遵守且不得轻易地废除。

儒家所定义的法，为德法。以强调德为主。

黄老学家注释的法，为道法，以道为先。

释家宣扬的法，为佛法。以万物呈现的状态为本。

医家则以日月星辰为法度，根据四时八节确立治疗七法。

兵家以天地人三隧为兵法。依照天时、地形、人情的实际情况，制定用兵的方法。

青龙奉容，黄首青身龙敬奉着这容器，是说他们都是一类的。黄首代表黄龙轩辕星，在十七颗星排列如秤杆，称之为权星。青身龙是参宿星，称之为衡星，因为参宿是平衡如秤砣。轩辕星和参宿星合称为权衡，是度量衡的执行者，奉行着容的法令。这就是青龙奉容的真实含义。

黄首龙代表黄龙轩辕黄帝，青身代表钟龙军队，这可能与轩辕黄帝治国平天下的方略有关系。马王堆西汉帛书《果童》篇就描述了黄帝与大臣之间的对话，阐明了黄帝之治的方略。我们现在就欣赏一下他们君臣之间趣味横生的对话吧。

轩辕黄帝奠定天下后，问果童："我现在要养育并教导群众，使他们走上正确的道路，按照等级阶层依礼法分配物质，让天下太平安宁。应该怎样做呢？"果童回答说："如果没有法度限制制约，国家就不能够稳定；如果没有以诚信取信于民，就不能端正人民的思想认识。仰俯天地之间，然后考察人事。天地之间本就存在着永久不变的法则，比照于这个法则，可知晦明、阴阳、山泽、黑白、美恶等矛盾对立体原就存在，人事也是如此。大地有好生之德养育民众并使他们安静，而天帝确定名分让人事有序运作。安静与运作相依相伴，德赏与刑罚相辅相成。"

轩辕黄帝的这种刑德相养，礼法并重，法治与德治相辅相成的治道精神，对于当今中国依法治国的治道实践也有重要借鉴意义。

有词为证：

浣溪沙·大寒

碧空朝阳暖大寒，冬来花信瑞香兰。

除旧布新过年忙。

养阴偏爱茶与汤，补阳正气慨而慷。

万物蛰伏神志藏。

第三章 恒一 太一 道

词曰：

汉宫春·立春

天燕归来，望晨空正南，房宿闪亮。此番阳气，发尽全力升上。若问时节，占卦象，开泰三羊。春之端，风和日丽，料秋后粮满仓。

却看春光从此，便高原汇流，更不悠闲。闲时又遇礁石，寻遍洄漩。险滩越过，从此后、一马平川。再看它、浪尖潮头，奔腾到海不还。

从上一章节我们知道了容（法）与炉（礼），它们都是太一（道）所产生。那么，道是什么模样的呢？这个问题恐怕连中国古代最伟大的思想家老子也不好回答。他只能在《道德经》里这样说："有物混成，先天地生，寂兮寥兮，独立而不改，周行而不殆，可以为天地母。吾不知其名，字之曰道，强为之名曰大。大曰逝，逝曰远。远曰反。故道大，天大，地大。"

太一是多少有些让人摸不着头脑的。太一有时候被称之为"道"，有时候被称之为"一"，还有些时候被称为"太极"。太一超越于"一"之上，"一"是继太一而后出现的第一个。我们对太一不能加以任何称谓，我们只能说"妙有"（这令人想到了玄之又玄，非有之有）。把"太一"说成是"道"肯定是错误的，因为太一超越于道之上。道是通过万物而表现的。但太一是可以不需要借任何事物而存在的，它出入无常，既不出现在于任何地方，而任何地方又全都是它，它无所不在，也无时不有。虽然有时候老子把太一说成是"道"，但他却告诉我们说，太一既先于"道"也先于"德"。

有时候太一看起来很像葛洪的"玄"。他告诉我们说"玄"并不需要自己的衍生物，是世界的本原，为万物的始祖。而且也并不关心被创造出来的宇宙。太一是不可说、不能说破的，就这一点而言，不着文字，沉默是金更接近这个真理。把太一称之为"太极"也是不确切的，因为在"太极"之上还有"无极"。"无有"就成了它的另一个表达，庄子据此发明了"无为"的思想，以希望达到"与道为一"的境界。

我们还是回到马王堆西汉帛画中，看看太一的形象吧。帛画上部中央位置，是太一的人形，大帝头顶北斗七星，身跨黄首青龙，怀抱日月，身边跟着雷公和雨师。好一个乘龙戴斗，战无不胜，攻无不取的战神形象。但是，这并不能说明太一天帝与容和炉的关系呀？我们只能找找别的依据。通过检索出土文物，我们发现了1993年10月在湖北省荆门市沙洋县郭店一号楚墓M1中，发掘出一篇名为《太一生水》的楚简。希望能够从中获得一些线索。

荆门郭店楚简《太一生水》释文如下：

"太一生水。水反辅太一，是以成天。天反辅太一，是以成地。天地复相辅也，是以成神明。神明复相辅也，是以成阴阳。阴阳复相辅也，是以成四时。四时复相辅也，是以成沧热。沧热复相辅也，是以成湿燥。湿燥复相辅也，成岁而止。故岁者湿燥之所生也。湿燥者沧热之所生也。沧热者四时之所生也。四时者阴阳之所生也。阴阳者神明之所生也。神明者天地之所生也。天地者太一之所生也。是故太一藏于水，行于时。周而或始，以己为万物母；一缺一盈，以己为万物经。此天之所不能杀，地之所不能埋，阴阳之所不能成。君子知此之谓道。"

原来这是太一创造时空的解释：

北极星又名北辰，是太一天帝的光辉形象，内含元气，元气流行后其精华产生了辰星，因为辰星又是北方水的精气，所以现在称呼为水星。水星顺行入天庭，色白润泽，与北极星相辅而行，其较轻水汽上升变成了天。天气继续与北极星相互作用，重浊部分向下变成了土，即地球。天气又与地气相辅相成，形成了太白金星与月亮。太白金星称之为明星，又叫启明星。月亮是常曦之神，从古到今中秋节都有拜月的风俗，但是也有讲究：道教拜嫦娥神，佛教拜月光菩萨。月亮和太白金星就是荆州竹简《太一生水》所称的神明。月亮又与太白金星相互作用，刚气相辅形成了荧惑火星，柔气相互作用变成了太阴星（天一）。这里的"刚气"，自然是指阳气。《史记·天官书》说："察刚气以处荧惑，曰南方火，主夏，曰丙丁。礼失者，罚出荧惑。"柔气是太阴所产生的阴气，太阴常指月亮，日月对举，日称太阳，故月称太阴。在中国民间也把太阴星君看成嫦娥。但是，这里是月亮与太白金星相辅相成所产生出来了太阴星，即现代称呼的哈雷彗星。《淮南子·天文训》云："天神之贵者，莫贵于青龙，或曰天一，或曰太阴。太阴所居，不可背而可乡。"这里所指的青龙、天一、太阴，就是哈雷彗星。天一（太阴）在中国古代用来纪时，它的运行周期是76年，以二十年为一纪，即1520年为一元。一元以后日月五星又从甲寅开始纪时。五星之中的辰星水星，是用来记载一年四季的。水星正四时，常以二月春分时运行到奎宿和娄宿，在五月夏至时运行到井宿和鬼宿，在八月秋分时运行到角宿和亢宿，在十一月冬至时运行到斗宿和牛宿。这样就能够调和阴阳，效其万物，主德正常，主宰五谷有成。随着春夏秋冬四季的循环往复，寒热往来，生产出了岁星（木星）和填星（土星）。木燥土湿，相辅相成，一岁而止。这就是成岁之法，是时间产生的图式。

其实，太一生水，也是空间产生的模式。水星其卦气为坎卦，天气为乾卦，按照五行理论，乾属金，太白金星也属金，所以寄于乾卦。兑卦为月亮，坤卦为地球，离卦代表火星，巽卦代表太阴星（哈雷彗星）。震卦是木星，艮卦为土星，为岁，为止。

这样，就能很好解释《太一生水》中最大的难点，为什么太一藏于水又行于时？

原来，太一的元气精华生成了水气，藏于水星，与水星一起运行到四个仲星，效正四时四季。

太一的元气，用现代物理学的名词解释为原初引力波。

关于原初引力波，我们这里援引中科院之声对引力波的权威介绍：

"宇宙在诞生时候，空间正好经历过一次急剧膨胀的过程。对于空间，这个急剧膨胀的过程，会把暴涨之前的这种"特殊的引力波"，在暴涨之后转变为：宇宙空间自身的微小不均匀性。

这些空间自身的不均匀性就是引力波，它们被称为"原初引力波"。这些引力波就是宇宙最最原始的扰动，所以它"编码"了宇宙诞生的信息。

正好，马王堆西汉帛书《道原》就对宇宙诞生的现象进行了阐述。现在，试译过来供大家参考。

当世界处在一无所有的洪荒时代，宇宙还处于混沌的无边无际太虚幻境，空虚会同流行生出先天元气，除此恒一气之外，别无他物。元气涌动之时，混聚不分，无光无暗，模糊不清，周密充盈，宁静不显。

所以这个元气好像虚无，并不存在任何形态，它充沛并且无边无际的浩大，无法用语言来描述。这种不确定状态的虚无，能够赋予万物各种确定的状态和名称。

就是天也覆盖不了它，地也容纳不下它。

它可以精微纤细成就微小细物，也可以广大浩渺成就巨大伟物。

它充满于天地之内，而且可以涵盖天地以外的一切空间。

它在极阴之地不会腐朽，在极阳之地也不会烧焦。

元气的本质同一永不改变，放之四海而皆准，就连小虫子也能适用。鸟得到它而能飞翔，鱼得到它而能遨游，野兽得到它而能奔跑。只有元气的存在，万物才得以产生，百事才得以成功。正如《道德经》所说，天得到它而清明；地得到它而宁静；神（人）得到它而英灵。人人都依赖它，可是谁也不知道它的名字和形状。

"一"是它的名号，虚无是它的宿舍，无为是它的本体，和气是它的妙用。

所以，最原初上乘的道是高而不可察，是深而不可测的。

它的作用特别明显，却难以命名，它无所不在极为广大，却不能被描绘出来形状。

它独立无二，没有任何东西能够改变它。

天地、阴阳、四季、日月、星辰、云气，一切动植物，都要依靠它获得资源，它却不会因此而减少一分，天地万物最终都要回归于它，它也不会因此而增多一点。它刚性强大而不可断折，柔顺软弱而不可改变。它精准、细微到无所不及的程度，任何不可能产生关联的东西都必然和它发生着普遍联系。

有诗为证，诗曰：

雨 水

雷神启大壮，雨师鸣夹钟。

江流北乡外，雁飞南云空。

又是正月里，戏珠舞双龙。

风和送花香，飘荡原野中。

第四章 黄龙持炉与神农八卦

词曰：

江城子·启蛰

雨雪洗礼经几场，朝暖阳，昏星光。启蛰夜空，鞠明主寿昌。纵观时令随斗系，杓指参，天垂象。

首波桃花初绽放，万物长，伴鼓响。安徐正静，柔节先于刚。且乘东风往春日，看河山，缀金黄。

荆门郭店楚简《太一生水》告诉我们，水星是太一天帝创世之初最先生产出来的。太一天帝就是道，水星是德的主宰。具有五行中水的特质。其优点被老子的《道德经》极力赞美。如第八章"上善若水"说：

最高贵的品质应该像水一样。水对万物友好有利而不与万物相争。它总能够处在众人所不喜欢待的地方，所以最接近于道。有心向善的人所处地位要像水那样安居卑下，仁心要像水那样深沉不显，待人要像水那样亲和友善，言语要像水那样淳厚诚恳，为政要像水那样的柔德治理，办事要像水那样擅长周密，行为要像水那样因势而动。正因为他像水那样与世无争，所以才没有忧愁。

还有，在第七十六章之中老子已经阐明了"柔克刚，弱胜强"的道理：

天下最柔软的莫过于水了，但攻坚克强却没有什么东西能胜过水的，因而水是没有事物可以代替得了的。弱小的能战胜强大的，柔软的可以战胜刚强的。

水星正好具备水一样良好的品质。它有规律的每年围绕太阳运转一周，总能准确地按时运行到四个标志星附近，帮助人们确立二至二分（冬至夏至春分秋分）的时间。水星具有和柔的品德，每当太白金星还没出来，水星独自出现在东方的天空时，即使天下已经发生战争也将会平息而和平。

在马王堆西汉帛画里，黄龙持炉的人文内涵就十分清晰了，赤首龙是神农炎帝的标志，捧在手心里的炉，即灶星，水星，就是象征着水星的和柔品质，也就是德。而黄身龙咸池本是水鱼之宫，如水柔润下，主宰五谷，具有好生之德。他们如果脱离了从太一那里获来的德，就会失去其存在的依据而不再是自己了，所以，要使这种关系持有稳定的态势，就得守住太一这个"一"，守住自身的本性，这即是所谓的"抱一""守德"。这样的话，不仅保持住了自身存在的本原，也保持住了自身内在的本性。这就是黄龙持炉的哲理。当然，从现实社会里说，也告诉我们，神农之治是以柔为先，将弱节奉为圭臬，以德治国理政，从而天下和平。

关于炎帝神农八卦，我们首先看看历朝历代的名家论神农八卦。

罗泌曰："炎帝神农氏，令司怪主卜，巫咸、巫阳主筮，于是通其变以成天下之文，极其数以定天地之象，八八成卦，以酬酢而祐神，以通天下之志，以定天下之业，谓始万物终万物者莫盛乎艮。艮，东北之卦也，故重艮以为始，所谓《连山易》也。

黄裳曰："阐幽者，《易》之仁也，故夏曰《连山》，象其仁而言之也。山者静而生养乎物者也，有仁之道焉。"

薛贞曰："《连山》'乾'始于子，'坤'始于午，与先天小图合。以艮、震、巽、离、坤、兑、乾、坎为序。"

帝出乎震，齐乎巽，相见乎离，致役乎坤，说言乎兑，战乎乾，劳乎坎，成言乎艮。（干宝《周礼注》引云："此《连山》之《易》也。"罗泌《路史·发挥》亦云。）

分析以上历史材料，我们不难发现神农八卦就是《连山易》，其卦序跟称之为后天八卦的卦序一模一样。

现在就将出自《易传》"帝出乎震"这段话解释一下：

震卦，木星，其神为雨师。帝出乎震，是说太一天帝出行，携带着雨师。马王堆西汉帛画中，有雨师伴随在太一天帝的右手边，就是证明。《越绝书·越绝外传记宝剑第十三》说："当造此剑之时，赤堇之山，破而出锡；若耶之溪，涸而出铜；雨师扫洒，雷公击橐；蛟龙捧炉，天帝装炭；太一下观，天精下之。"这也是佐证。

巽卦，哈雷彗星，古代称之为太阴，天一，青龙。齐通"跻"。登，升之意。齐乎巽，说明太一天帝跨着太阴青龙在巡天。这里也暗示了哈雷彗星有纪时的作用。

离卦，荧惑火星，为礼，相见乎离，说明太一天帝以礼相待，先礼后兵。

坤卦，地球。役，戍边也。执殳巡行也。——《说文》

致役乎坤，太一天帝巡行到达了地球上。

兑卦，月亮。说通悦，即喜悦，喜庆。说言乎兑，解释为：月亮经过心宿时光明盛大，太一天帝内心圣明，预言必有延年益寿之喜庆。后来，道教对原始的"太一"崇拜进行吸收转化，要在正月十五月圆之夜祭祀天帝太一，以祈求长寿与福禄。这也是元宵节的来历。

乾卦，太白金星。金星主兵，主杀。战乎乾，是说天下凡有军事与战争之事，太一天帝都交给太白金星去处理。

坎卦，水星。劳，指人们创造物质或精神财富的活动。劳乎坎，我们从《太一生水》文中就知道了，在天地还没有诞生的古荒时代，太一天帝首先就创造出水星。说明这是太一天帝创世过程中首先制造出空间的开端。

艮卦，土星。成乎艮，我们同样从《太一生水》文中得知，太一天帝创造了宇宙，从水星，金星，月亮，地球，火星，哈雷彗星，木星到土星。这是太阳系的行星。以及地球上的阴阳，四季，寒热，湿燥，最后成岁而止。在易经里，艮卦，就代表时岁，也代表终端，终止。告诉我们太一天帝创造世界过程中，最后制造出时间后就完事了。

我们从这里可以看到，这是个有始有终的一循环卦序使用说明书。《连山易》是炎帝神农氏所创造发明。炎帝，本就是太阳，因为《白虎通义》说："谓之神农何？古之人民皆食禽兽肉。至于神农，人民众多，禽兽不足，于是神农因天之时，分地之利，制耒器，教民农作，神而化之，使民宜之，故谓之神农也。时为夏，夏之为言大也。……其帝炎帝，炎帝者，太阳也。"

我们做一个小实验，以太阳为圆心，分别将水星，金星，（月亮）地球，火星，哈雷彗星，木星，土星，画上同心圆，这是按照各大行星距离太阳由近到远的方式排列。然后，在水星轨道上标记坎卦，金星轨道标记乾卦，月亮标记兑卦，地球轨道上标坤卦，火星轨道标记离卦，哈雷彗星轨道的近日点按照理论计算，应该在水星与金星之间的，其轨道远日点在冥王星与海王星之间。但是，据马王堆西汉帛书的《五星占》记载，太阴（哈雷彗星）的运行总是与木星相应，所以，神农炎帝将太阴（哈雷彗星）排列在木星与火星之间。我们可以给它标记巽卦。木星轨道上标记震卦，土星轨道上标记艮卦。这样，我们惊讶地发现神农八卦的卦序原来是太阳系各大行星的自然排列，他们的排列顺序是以太阳为中心，距太阳由近及远的次序。

所以，把神农炎帝称呼为太阳神是当之无愧的！

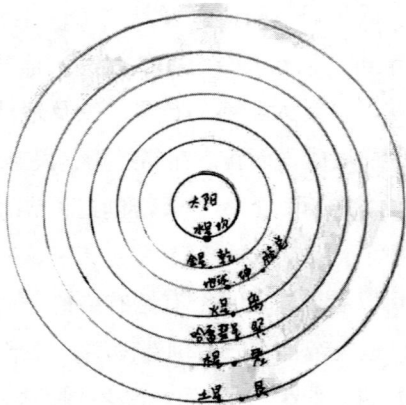

我们现在知道，神农八卦是描述太阳系行星的位置关系的，那么黄龙持炉就可以代表太阳系的空间。而在卦象阴阳消息的表现上，首推汉代易学家虞翻，他根据既济与未济卦，推导出了十二个辟卦。

既济卦是由上坎下离两卦相叠组成。坎为水，离为火，水在火上，水火既济。

未济卦为上离下坎两卦组成，坎水在里，为内卦，离火显外，为外卦，火水未济。

我们从马王堆西汉帛画《太一出行图》中知道了，"黄龙持炉"所持红色的炉，就是炉鼎。鼎中盛水，火在鼎下往上升，这是既济卦的卦象。炉鼎代表水星，作为内质，红色表示火星，显示外表，这是未济卦的卦象。它们展示天地空间，用来造化万物。所以，从既济卦与未济卦开始，根据古代易学消息原理，阴爻变阳爻为消，阳爻变阴爻为息，推演出十二个卦来。它们分别是：

未济、既济，睽、蹇，噬嗑、井，离、坎，贲、困，家人、解。

这就是代表空间的十二个阖卦。它们可以组成一个循环往复的圆圈，在帛画中绘画成了红色的炉鼎。

汉代易学家虞翻在《虞氏易注》里用既济和未济变爻，旁通成空间二十个卦。在帛画中绘制成了赤首黄身龙。如图所示：

神农卦序传

太一生水星，黄龙来持炉。

炉鼎作天地，乾坤好造化。

炉火正纯青，丰隆识屯蒙。

水反辅太一，是以成太白。

天地水相辅，需讼复师比，

反辅已成天，太白小蓄履。

天地气相辅，经历泰与否。

天气欲下降，同人与大有。

地气已上升，展示出谦豫。

月儿随蛊生，月亮临地观。

雨师伴雷公，出行噬嗑贲。

山地剥复雷，无妄天大蓄。

山上颐鸣雷，大过泽风吹。

风伯来扇炭，炉火成坎离。

黄龙为咸池，太一恒行宫。

天山遁大壮，地火晋明夷。

风火家人暌，水山蹇即解。

山泽有损益，泽天风决姤。

泽地风萃升，泽水风困井。

泽火火风鼎，震艮渐归妹。

雷火山丰旅，风泽本巽兑。

风泽有中孚，雷山并小过。

炉火煮既济，火水分未济。

有诗为证：

春分应景

仲春吹元气，时律应夹钟。

蜂围菜花黄，莺啼梨树丛。

辰星效奎娄，余辉映碧空。

春意勿忧迟，江涌海朝宗。

第五章　青龙奉容与伏羲八卦

词曰：

忆秦娥·清明

钟声夜，闽江清明鼓岭月。

鼓岭月，榕城琴瑟，规矩重叠。

一带山水织锦缬，丝路帆远重洋越。

重洋越，朝阳出海，天下迎接。

马王堆西汉帛画展示了青龙奉容的图像。从其中，我们已经知道了容是法。这里的法并非通常所说的法律、法规制度，它是宇宙世界的总规矩，总规律，也就是自然规律。

我们怎样运用这自然规律为社会服务呢？

马王堆西汉帛书《道法》明确指出：天下无论发生任何事情，无不具有自己形态和规律，以及处置它的方法。确定了事物的形态和规律，建立了事件处置原则，那它的形迹和真相就不可能藏匿。对所发生的事情，以天当为依据，进行认真的权衡分析，必定会找到检验它的方法。比如取直木料就用绳墨，称量仓粟就用斗石。斗石工具具备，尺子墨斗现成，再怪异的事情都逃脱不了人们的慧眼。所以说：只要分析事物的方法完善、正确，就一定能够制定出妥当的治理方法。

正如轩辕黄帝说："观天之道，执天之行。"这就是青龙奉容的含义吧。

我们从《太一生水》中得知，乾卦（三画卦）是太白金星，太白金星又名太皞，我们知道太皞也叫作伏羲，他创立八卦，开启了中华民族的文化之源，成为中华民族的人文始祖。

说起伏羲，给人们印象最深刻的是伏羲女娲人首蛇身图，他们上身相依，蛇尾相交。伏羲左手执矩、女娲右手执规。

他们都是创世之神，是中华民族的文明的始祖，他们共同开创了华夏文明社会。伏羲女娲的双尾以双螺旋状成型，与生命科学发现的 DNA 基因双螺旋结构极为相似，这似乎在揭示生命的起源。

而令我们疑惑的是，伏羲女娲为什么分别手执规与矩这些度量衡？规与矩究竟又有什么寓意呢？

规矩的本意是"圆规和矩尺"，指有一定的标准法度与成规。而帛画中的容就是法，是道所产生的，是德的体现。伏羲作为人文始祖，首先执行的是太一天帝的规矩，即宇宙的自然规律，也让人类社会遵守宇宙的总法规。

伏羲作立八卦，其卦序为：乾一，兑二，离三，震四，巽五，坎六，艮七，坤八。

为什么是这样的卦序呢？它们的排列顺序是根据什么？几千年来一直是个谜。现在，我们因受到马王堆西汉帛画中的青龙奉容的启发，慢慢解开这个谜吧！

首先，我们了解一下古代名家是怎样判断伏羲构建八卦的。

《系辞》孔子说："天生神物，圣人则之。天地变化，圣人效之。天垂象，见吉凶，圣人象之。河出图，洛出书，圣人则之。"

《周易本义》中朱熹说，《伏羲八卦次序图》《伏羲八卦方位图伏羲六十四卦次序图伏羲六十四卦方位图》其说，"皆出邵氏，盖邵氏得之李之才挺之，挺之得之穆修伯长，伯长得之华山希夷先生陈抟图南者，所谓先天之学也"。

《易图明辨》引用陈言的原话："伏羲画卦原神于太乙，超数于阴阳，类象于万物，通于神明，和顺于道德性命。"

从这些先哲们的语录中可以得到一些有用的线索。他们的意思很明显，伏羲是以天上星体的运行方向作为构建八卦顺序的，再根据天地变化，星象显示出来的凶吉，以及河图、洛书的数理创造了先天八卦的次序与方位。

但是，具体又怎么做呢？这里陈言就说得更明白了。他说，伏羲画八卦，原本是神契于北斗星，使用阴阳之数，类似万物，顺从太一天帝制定的规矩，从而要用它来顺合万物的性质和自然命运的变化规律。确立天道有"阴"和"阳"两方面，确立地之道，有"柔"和"刚"两方面，确立人之道有"仁"和"义"两方面。（作《易》者）兼合（三画的八卦符号中）天地人的象征而每两卦相重，所以《周易》的卦体必须具备六画才形成一卦；六画又分阴位阳位，更迭运用柔爻刚爻来布局，所以《周易》的卦体必须具备六位才成章理。

为什么北斗七星与伏羲八卦有关系？

我们从古代文献中发现这些材料：

《鹖冠子·环流》一书根据初昏时北斗星斗柄所指的方向来决定季节：斗柄指东，天下皆春；斗柄指南，天下皆夏；斗柄指西，天下皆秋；斗柄指北，天下皆冬。

皇甫谧《年历》云："斗者天枢也，天有七纪，故斗有七星。自一至四曰魁，自五至七曰杓。一曰枢星，太白主之。"

《淮南子天文训》说，斗杓为小岁，正月建寅，月从左行十二辰；咸池为（大）岁，二月建卯，月从右行四仲，终而复始。（大）岁迎者辱，背者强，左者丧，右者昌；小岁东南则生西北则杀，不可迎也，而可背也，不可左也，而可右也，其此之谓也。大时者，咸池也；小时者，月建也。

原来，北斗七星是执行太一天帝的指令，枢运四方，确立四季。

从其中我们可以获得两个信息，其一，北斗七星是用来纪时的，参与日月五星纪时。而且，把七星分为两部分，斗魁和斗杓。北斗三星称为斗杓为小岁，另外的四星称为斗魁为大岁，也就是咸池。这与《淮南子天文》的说法一致。其二，也就是最关键的信息，即太白金星主宰斗魁。换句话说呢，斗魁的运转所指方向的凶吉，是为兵神太白金星用兵作战服务的。恍然大悟了吧，这里的太白金星实际上就是我们的祖先伏羲大帝。

从其中我们还可以知道，咸池斗魁的运转方向是有凶吉的。只可背不可迎，宁可右也不要左。古人出行和行军作战时，根据斗魁太岁占断行军作仗时方向的吉凶，最早最权威的记载是《越绝书外传·记军气》：

算于庙堂，以知强弱。一、五、九，西向吉，东向败亡，无东；二、六、十，南向吉，北向败亡，无北；三、七、十一，东向吉，西向败亡，无西；四、八、十二，北向吉，南向败亡，无南；

此其用兵月日数，吉凶所避也。举兵无击太岁上物，卯也。始出各利，以其四时制日，是之谓也。

我们从上文中可见，斗魁咸池（太岁）一年中所在的方位如下：

东方（一月、五月、九月）；北方（二月、六月、十月）；西方（三月、七月、十一月）；南方（四月、八月、十二月）

在用兵作战时，面对斗魁咸池所在的方向则凶，背对斗魁的方向则吉。那么，行军作战正确的运行方向应该是：

西方（一月、五月、九月）；南方（二月、六月、十月）；东方（三月、七月、十一月）；北方（四月、八月、十二月）

按照时间顺序吉利方向排列为：

西方—南方—东方—北方—中间（回到中方）

前面先哲们说过，伏羲八卦是将万物的特殊性呈现出来，然后进行阴阳五行分类使用。所以，五行与方位的关系为：

东方木，南方火，西方金，北方水，中方土。伏羲八卦的五行分类如下：

乾卦属金，位西方；坤卦属土，位中方。坎卦属水，位北方；离卦属火，位南方；震卦属木，位东方；巽卦属木，为东方；艮卦属土，位中方，兑卦属金，位西方。

现在我们可以将伏羲八卦按出行吉利方向排列：

乾兑（西方）—离（南方）—震巽（东方）—坎（北方）—艮坤（中方）

见证奇迹的时刻到了，马上对比一下伏羲八卦的卦序：

乾一，兑二，离三，震四，巽五，坎六，艮七，坤八。

我们惊喜地发现，伏羲八卦的卦序是以北斗的斗魁咸池，也就是太岁大时旋转方向为依据的！原来如此！

按同样的原理，《伏羲六十四卦次序图伏羲六十四卦方位图》也是以北斗斗魁的运转方向为准。

难怪马王堆西汉帛画《太一出行图》说：禹先行，北斗为正！

我们从前面章节知道，马王堆西汉帛画中太一天帝的北斗帽子与怀抱的地球（社），就是乾卦指代北斗，坤卦指代地球。北斗指示着地球上的方向，标示出春夏秋冬的季节。这是时间卦以乾卦为基础。伏羲八卦的卦序也是表示斗魁咸池（太岁）在一年中运行的时间。

在潘雨廷的《读易提要》书中，详细阐述了怎样从乾、坤二卦推导出十二个辟卦及二十个旁通卦。这三十二个卦构建了时间卦体。这十二个辟卦分别为：乾、坤，复、姤，临、遁，泰、否，大壮、观，夬、剥。从卦象上看，它们以爻变的方式，进行循环往复，形成了一个内循环圈。在帛画中可以看成圆形的容。二十个旁通卦，其排列形状可以看成帛画中绘制成的黄首青身龙。

见下图：

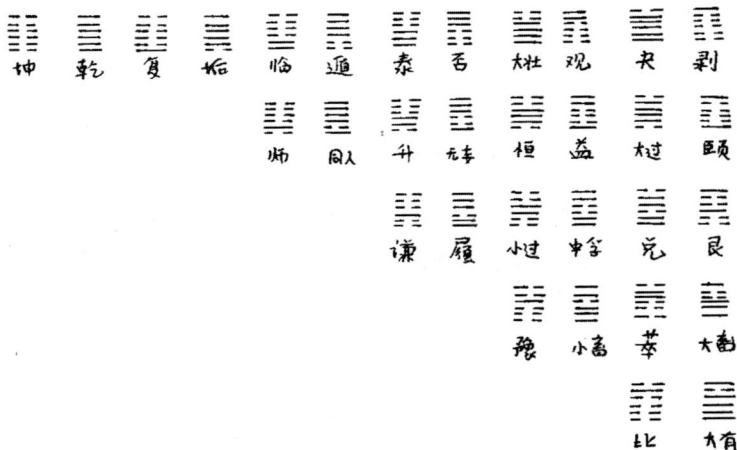

我们从第四章中明白了十二个阖卦代表空间，帛画中的"黄龙持炉"就是三十二个空间卦。我们在这里再将帛画"青龙奉容"的三十二个时间卦组合起来，就形成了时空之易的六十四卦。见图表如下：

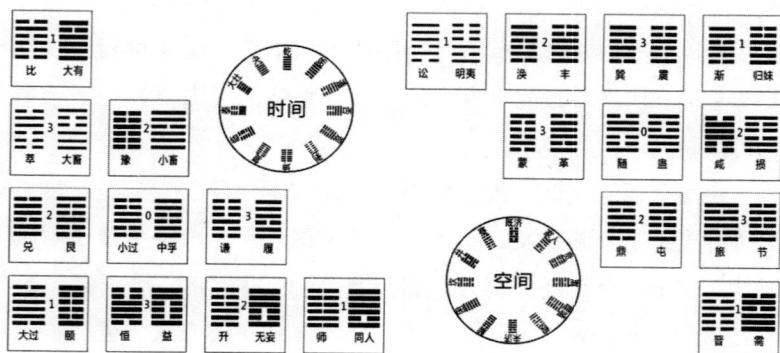

时空能级图

这时空之易的六十四卦，根据消息虚盈的卦象结构，展示出了从 0 级到 3 级的能量差级。其应用为分子生物学和生物信息学提供基础理论。这在后面的章节有详细解释。

时空之易的六十四卦，是时间与空间为一体，能量在其中内循环。

如果从时间角度打开，空间就蜷缩在里面了。现在就用《易外别传》的这幅卦图展示如下：

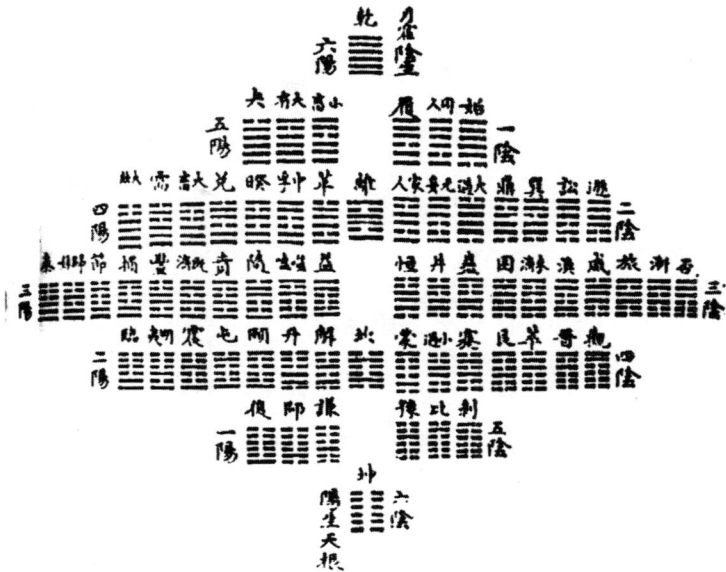

如果从空间角度打开，时间将蜷曲在里面了。这里可以用萧洪恩先生《易纬文化揭秘》里的六十四卦配位图展示如下：

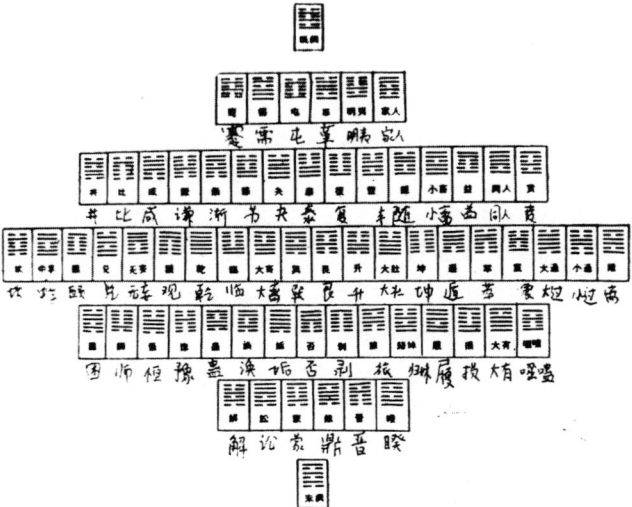

　　我们可以这样认为，时空一体就是能量的集合体，当空间从宇宙的起点展开，时间就自然呈现出来了；同理，当时间从天地之间延展，空间就被时间记录下来，展示在历史的长河两岸，留下自然的风景。

　　有诗为证，诗曰：

谷雨裕德

青龙奉容虎生风，三月姑洗应律中。

可贵谷雨知润泽，中静裕德无求人。

第六章　四个武弟子与五运六气

诗曰：

南岳立夏

气交天地立夏岚，晓知禹帝治大川。

愿高屿嵝三千尺，收获清凉界一片。

话说马王堆西汉帛画《太一出行图》，总题记载：承弓，禹先行。中间部分是太一天帝的四个武弟子各持兵器，自东西南北方向列阵。

从帛画中可以看出，四个武弟子（题记）是太一天帝镇守四方的将军，因为他们是武弟子，所以太一天帝也是武功至高无上的战神，古代天文学家祖桓的话可以佐证这一点，他说："太一，赤天帝神也，主使十六神，知风雨水旱兵革疾疫……"这也告诉我们，太一天帝主宰着人间的一切！

前面的文章已经介绍过，太一天帝的四个武弟子是周天二十八宿的象征，也就是通常说的四象。在天空中他们分管东南西北四方。他们就是四色四方天帝，面对画面从右往左数，他们分别是东方青帝灵威仰，主苍色天气；西方白帝白招拒，主素色天气；南方赤帝赤缥怒，主丹色天气；北方黑帝叶汁纪，主玄色天气。

可是，这里却只有四运，还有一运在哪里？我们再查一下《黄帝内经》记载，"黔天之气经于心、尾己分。"说明这条黄色的天气是由地户之门流向青帝方位。而在帛画中代表中央土的是太一天帝坐骑黄龙勾陈星。这原本是中央黄色天帝含枢纽，主管黔色天气。那么，地户之门是什么意思呢？它又在哪里？《黄帝内经》又说，天门在奎、壁之间，地户就在角、轸之间。原来，角宿在青帝东方，轸宿在赤帝南方，黄帝将军勾陈正位于他们的中间上方。正好是巽位，巽卦属太阴青龙（哈雷彗星）所在的方位。帛画仅仅用黄首青身龙就精准地描绘的这一点，黄首龙勾陈星，主中央土，青身龙太阴（天一、哈雷彗星），称之为地户。这里顺便说一下天门，奎宿位于西方白帝位，壁宿在黑帝北方，而帛画里的炉正好位于他们的中间下方，正在乾位，正好在青龙持炉的方位，从前面章节我们已经知道，炉是水星，是太一天帝最先创造出来的，肯定距离天最近，在太阳系里也是距离太阳最近，故称天门。

《鹏鸟赋》说："天地为炉兮万物为铜，阴阳为炭兮造化为工。"贾谊将天地比作大熔炉，阴阳二气是炭火，造化为炉工，世间万物都在里头被煅烧和熔炼。这是启发人生的话。庄子曾经也称大炉为天地。赤帝主管的丹色天气，由天门流向了北方白帝。所以《五官书》里说："白帝行德，毕昴为之围。围三暮，德乃成。"暮色就是日落西山时产生的火红色，这不就是丹色天气的颜色吗？古人还真的看到三道红光流向昴宿形成回路了呢！

所谓运气，就是天气朝着一定的方向运行，流动，是一股能量的清流，是星球之间的引力波。

"五气经天化出五运"最早来自《黄帝内经》。中医所谓的五运，也就是五种颜色的、实际上即五个振动频率不同的引力波。它们怎么产生和流行的呢？我们回过来观察一下马王堆西汉帛画《太一出行图》，帛画中的太一天帝的四个武弟子，可以帮助我们理解五运经天的过程。红色天气由天门向北方黑帝流去，再从北方流向赤帝那里形成了青色天气，然后流向西方白帝叫作黑色天气，再由西方流向东方青帝，名为白色天气。最后从东方流入地户，称之为黄色天气。这就是五运经天，周流六虚的现象。

我们知道，天有五气，地有五行。五气流行在五行之上，经过四个武弟子管辖的二十八宿，下临有十个天干所标记的四方四隅之位，分别订立为金木水火土五运，用来明确五运主气的规律。

五运怎样化生五气的呢？这要从五音建运说起。

首先，我们得明白，钟是谁最先制作的？钟的用途又是什么？管子说，很久以前，轩辕黄帝根据声音缓急差别开始确定五声，这就是中国五声音阶中的宫、商、角、徵、羽五个音级。关于五声，管子又说得很有意思：凡是听"徵"声，就好像听到小猪被背走而大猪惊叫的声音；凡是听"羽"声，就好像荒野的马叫；凡是听"宫"声，就好像地窖里的牛鸣；凡是听"商"声，就好像失群的羊叫；凡是听"角"声，就好像出鸡在树上鸣唱，声音又快又清。

五声也称五音。轩辕黄帝根据地气的阴阳在不同季节的表现状态，来建立五运。

角，春天阳气触动，又如树枝萌生出尖尖角，角音属木，建于木运，用天干标记为丁壬。

徵，阳气在夏季盛满至极，停止生长的样子。因为火是盛阳气象，所以黄帝将徵音属火，建于火运，用天干标记为戊癸。

宫，阳气在长夏季表现出与阴气中和达到平衡，与万物和德，象土行旺于四季。宫音属土，建于土运，用天干标记为甲己。

商，阴气在秋季坚挺的样子，如金性坚硬刚强，商音属金，建于金运，天干标记为乙庚。

羽，阴气在冬季已尽，阳气开始萌生舒展，万物呈现出滋生状态。水润万物，羽音属水，建于水运，用天干标记为丙辛。这就是五音建运。

五音建立五运后，上古的人们看到：黄色的天气横在甲己方位上化为湿气（土），白色天气横在乙庚方位上化作燥气（金），黑色天气横在丙辛的方位上化作寒气（水），青色的天气横在丁壬的方位上化为风气（木），红色的天气横在戊癸的方位上化为热气（火）。

因此，五运气和十天干也就是有了各自的方位。这就是五运化生五气的来历。

管子还告诉我们：黄帝又用五声来校正五钟的音调。规定这五钟音调的名称，第一个叫作青钟大音，第二个叫作赤钟重心，第三个叫作黄钟洒光，第四个叫作景钟昧其明，第五个叫作黑钟隐其常。五声调整好了，然后开始确定天上的五行之气来规正季节，开始确定五种官职来摆正人们地位。这样，人事与天道都协调好了，天地之间的美好事物也就产生出来了。

黄帝命令伶伦作六律，六吕，以配十二地支。后来的人们又用十个辟卦来纳支，确定一年之内节气的变化，时令与物候来观察阴阳二气的消息。

五运五气流行于天上，对人类居住的大地产生了火热寒湿燥风六种气流，影响着地球上的万物。

《淮南子·天文训》告诉我们："太阴所居，日为德，辰为刑。"这里，日自然指太阳，这里的辰当然是辰星（水星）。古人从天球上看，太阳与水星围绕二十八宿运行，停留在一些标志星附近的时候，可以确定二至二分的季节，然后确立由天气寒热湿燥火风所产生的三阴三阳的六气，中医理论为少阳少阴厥阴阳明太阳太阴。

在马王堆西汉帛书《刑德大游图》中则称之为刑德六神，他们是：刑德，大音，雷公，雨师，风伯，丰隆。它们如果用十二地支纪天气，就是如下情况：

刑德子午，丰隆丑未，风伯寅申，大音卯酉，雷公辰戌，雨师巳亥。

《黄帝内经》说："天有五行，统御五位，以生寒暑燥湿风火。"这是天气的阴阳之气，用三阴三阳来承受着。子午的年岁上少阴之气司天，热气在主导；丑未的年岁上太阴之气司天，湿气在主导；寅申的年岁上少阳之气司天，相火之气在主导；卯酉的年岁上阳明之气司天，燥气在主导；辰戌的年岁上太阳之气司天，寒气在主导；巳亥的年岁上厥阴之气司天，风气在主导。这是天之六气用地支来对应，地支起于子午而终止于巳亥，天之六气也起于少阴终止于厥阴。所以天气的运行次序从为：少阴—太阴—少阳—阳明—太阳—厥阴。

我们现在可以把它们与马王堆西汉帛画《太一出行图》对应起来了。太一神的坐骑青龙代表刑德子午之气，炉火代表丰隆丑未之气，炉代表风伯寅申之气，容代表大音卯酉之气，雷公代表辰戌之气，雨师代表巳亥之气。原来，帛画中的六神就是天之六气！

六气的运行周期规律是怎样的呢？其实，在《黄帝内经》中已经说得很具体了。《天元纪大论》篇记载：天气静而守位，与地气相互配合的位置不变，六年一周期的向左（逆时针）运行。地气动而不息，与天气相交应，循环往复而不停止，五岁一个周期，右行（顺时针）。天地之气以五六相合形成了三十年的会合周期，一年有二十四节气，三十年共七百二十气，是为一纪。六十年共有一千四百四十气，六十年为甲子一个周期。我们知道，如果配合天干地支，就是六十甲子周期的来历，是用来纪录天地之气六十年的周期规律的。

黄帝时期上古之人发现，土星的公转周期约为 30 年，木星的公转周期约为 12 年，它们的最小公倍数是 60，正好是一个甲子年。而它们的最大公约数为 6，恰好是六天之气。

六天之气每气司天周期为十年。例如，刑德子午少阴司天，就经历甲子、丙子、戊子、庚子、壬子这五年，以及甲午、丙午、戊午、庚午、壬午共十年。

马王堆西汉帛书《五星占》说，土星的公转周期为三十年，每二十年与木星会合，成为太阴（哈雷彗星）的纪年。

我们从这里可以看出，木星雨师之气司天为十年，土星雷公之气司天为十年，它们相合正好是二十年。太阴青身龙其实就是刑德子午之气，它代表少阴司天十年的周期，黄首龙钩陈本属土，其数为十，它与太阴组成了二十年的纪年周期。后面提到的代表太阴的复卦卦辞"十年不克征"就是这个意思。

同主一司天气的两支合五干为十年。例如，丰隆丑未太阴司天，就经历乙未、丁未、巳未、辛未、癸未这五年，以及乙丑、丁丑、巳丑、辛丑、癸丑共十年。其余仿此。

又比如，代表丰隆的屯卦卦辞"十年乃字"，代表大音的颐卦卦辞"十年勿用"，都是说明天之六气每气司天的十年周期规律。

六气总共司天六十年，用十天干与十二地支配合，正好是一个甲子。

而用三阴三阳配合十二地支，来推理天气和地气对人体健康的影响，以及所产生的疾病病理，就构成了中医运气学，在这里我们暂时不做展开阐述。

我们从马王堆西汉帛书《刑德日徙图》得知，天之六气是用三阴三阳配合十二地支记录其运行情况，即为：

少阴（刑德）司子午，正宫正化为德甲午，奇宫对化为刑甲子；

太阴（丰隆）司丑未，正宫正化为乙未，奇宫对化为乙丑；

少阳（风伯）司寅申，正宫正化为丙寅，奇宫对化为丙申；

阳明（大音）司卯酉，正宫正化为丁酉，奇宫对化为丁卯；

太阳（雷公）司辰戌，正宫正化为戊戌，奇宫对化为戊辰；

厥阴（雨师）司亥巳，正宫正化为己亥，奇宫对化为己巳。

正化是指本位，对化是指本位相对一方。

这六气也是天之阴阳，也即是客气。

我们依据天之六气在五方十宫中运行，发现了它们的运行次序：从东方木奇宫开始，到西方金正宫，再到南方火奇宫，再到北方水正宫，回到中央土奇宫，又从东方木正宫出发，往西方金奇宫，再到南方火正宫，再到北方水奇宫，最后回归中央土正宫。

天之六气的这种运行规律，正好被马王堆西汉帛画中的太一天帝的四个武弟子的排列顺序演绎出来了。仔细观察四天帝双脚的朝向，正好按照东—西—南—北—（中）的规律在运动。

天之气动而变，地之气静而常，因此它们上下相临而生出气象万千的变化。

我们再来看看地之六气，也就是主气，与天之四季相合，即为：

厥阴风木主春，从丑至卯，即从十二月之大寒日至二月春分，此为初之气；

少阴君火主春末夏初，从卯至巳，即从春分至小满，此为二之气；

少阳相火主夏，从巳至未，即从小满至大暑，此为三之气；

太阴湿土主长夏，从未到酉，即从大暑至秋分，此为四之气；

阳明燥金主秋，从酉到亥，即从秋分至小雪，此为五之气；

太阳寒水主冬，从亥到丑，即从小雪至明年的大寒，为六之气。

每气各主六十日八十七刻半。

天气以六为周期运行，地气以五为周期运转，五运六气相结合，经历了七百二十个节气，用三十年一纪，六十年为一花甲。

《黄帝内经》说，五运六气的形成，是因为北斗七星与日月五星在太空循环往复路线上的精气，与五行依附于大地的形质，它们相互联系，相互作用而生化。

我们从现代天文观察知道：

天玑有一颗伴星大熊座 γ 星 B，因此这是一个双星系统。通过测量天玑的扰动并观测，大熊座 γ 系统的周期为约 20 年，这与太阳系统里的木星与土星的会合周期一致。

太阳系统里的土星公转周期是 30 年。木星的公转周期是 12 年，而土星（雷公）和木星（雨师）的会合周期是 20 年。

似乎是一个巧合。

天枢也是一个双星系统，伴星天枢 B 的质量约为太阳的 1. 6 倍。轨道周期为 44.4 年，轨道偏心率为 0.4。

开阳是一个四合星系统，由两个双星系统共同组成。开阳星和辅星构成了一对双星。

开阳附近的下台二（大熊座 ξ），是一个由两个黄色恒星组成的双星系统，彼此间以 60 年为周期进行运动。

这样看似巧合，其实不然。我们用现代物理学解释，北斗七星里的双星系统是引力波的来源，也产生了天之六气。它们与二十八宿恒星系统的引力波五运相互作用，交换能量，就分别形成了 20 年、30 年、60 年这样的运行周期。

有诗为证：

小满资水

花溪波月洞，资水一桥风。

无问娄星客，小满心何动。

上古祀大火，先民敬星空。

而今登荧惑，建功凭祝融。

第七章 运气的归藏

词曰：

宴桃源·芒种

南风拂莲尽开颜，只将香味添。麦收芒种奉美餐，渔歌对酒闲。

日月照，永未央，河山享华光。金声玉振始无端，心与天地参。

我们首先从古代先贤的语录里了解一下《归藏》卦的说明吧。

"黄龙附图，鳞甲成字，从河中出，付黄帝，令侍臣自写以示天下。"

——《龙鱼河图》

"河龙图出，洛龟书成，赤文像字，以授轩辕。"

——《尚书中候》

"《归藏》黄帝中天易也。"

——葛寅炎

"《归藏》虽自黄帝作，实循黄帝之序卦。"

——朱元升

"'雷以动之，风以散之章'为《归藏》。"

——朱元升

"黄帝正坤、乾，分离、坎，倚象衍数，以成一代之宜，谓土为祥，乃重坤为首，所谓《归藏易》也。"

——罗泌

"以《归藏易》为《气坟》，其《爻卦大象》曰：'天气归，地气藏，木气生，风气动，火气长，水气育，山气止，金气杀'，各为之《传》。"

——朱彝尊

"初乾其争言，初坤荣荤之华，初艮徽徽狐，初兑其言语敦，初坎为庆身不动，初离离监监，初厘燀若雷之声，初巽有鸟将至而垂翼。"

——朱震、干宝、李过《西溪易说》

离

乾　　　　　　　坎

坤　　　　　　　　　　　艮

巽　　　　　　兑

震

1乾　2艮　3坎　4震　　6坤　7兑　8离　9巽

1乾　6坤　2艮　7兑　3坎　8离　4震　9巽

乾卦为牵牛宿，俗称牛金牛。争，本义指争斗。这里喻南斗宿和牵牛宿。

开天辟地时，宇宙空间充满了光明，元气正在舒展开来，日月五星开始运行，起始于南斗和牵牛之间。古人在天文上就用斗宿和牛宿作纪星，以甲子十一月冬至夜半朔算起，所以称它们为星纪。星纪为十二次之首，而丑位有斗牛二宿，是二十八星宿的开端。这时，元气在东南方最旺盛，太一天帝之光照耀在斗牛二宿，阳气也于冬至这天在乾卦所在的东南方生长出来，流行于天地之间，呈现出天地交泰的景象。

所以，《淮南子·天文训》说，当太阳和水星十一月出现在牛宿时，冬至就到了。牛在十二生肖属丑。《孝经·纪孝行章第十》说："在丑而争则兵。""争"是争斗，"兵"，兵器，又引申为战争。本义是告诉我们，处在卑俗的大众之中，跟人竞争，最后就导致兵刃相加。而在《归藏》乾卦里说"争"，是指南斗主兵斗，动者兵起。（石申语）

同时也告诉我们，要有斗争精神。与天地斗争，就可以改变人类生存的环境，改造我们的世界。另外，因牛喜欢争强好斗，故有斗牛一说。后来人们利用牛的好斗性格，发展成一种斗牛的体育运动。这些就是乾卦"其争言"的含义。

石申还说："牵牛六星，天府也，日月七星所王者。"其意思是牵牛宿是守藏日月七星所产生的六气之府廷。

坤卦为七星，俗称星日马。《尚书·舜书·尧典》："分命羲仲，宅嵎夷，曰旸谷。寅宾出日，平秩东作。日中星鸟，以殷仲春。"《旧题汉·孔安国传》："日中，谓春分之日。鸟，南方朱鸟七宿。殷，正也。春分之昏，鸟星毕见，以正仲春之气节，转以推季孟则可知。"

木谓之华，草谓之荣。出自《尔雅·释草》。木本植物开花叫华，草本植物开花叫荣。莘，清楚、分明的样子。

坤卦最初取象草木莘荣之华，其意思是说，草木已经由早春最初的萌发，逐渐走向平稳而奋力地生长了。草木该开的花，都已经开了。树枝上的绿叶，也不再是星星点点，稀稀拉拉，而是爬满了枝条，生机盎然。到了春分，草木都开始旺盛地生长。

《黄帝占》曰："七星，一名天库，其星欲明，明则王道大昌，君子家不隐，贤人不逃藏。"其实，《归藏》里坤卦还有聚贤纳才的意思。

艮卦为娄宿，俗称娄金狗。二月春分时太阳与水星运行到了娄宿的位置。娄宿是主管放饲动物的苑囿。石申说："娄主苑牧给享祀，故置天仓以养之。娄主苑牧有掩敛，盖藏以春营。"

艮卦最初取象徽徽鸣狐的情景，是说明在春分的节气，狗子在苑牧场周围巡逻时学着狐狸叫。

《归藏》所表述的"藏"的本义是遮掩和收藏，轩辕黄帝用《归藏》的艮卦告诉我们，在春分时节，元气从东南方的乾位向西方的艮位流来，在这里回旋，如同圈养着的动物。这天气就是素天之气。这种现象就是俗称的紫气东来。

兑卦为舆鬼宿，俗称鬼金羊。郗萌说，"鬼之言归也"。《南官候》说："舆鬼者，天庙，主神祭祀之事。"

羊在古代祭祀用作少牢。

从文字面上意思看来，敦，形声字，撴（chún）声，表示敦的声旁撴为从亯从羊（会祀亯之意），是会意兼形声字。

敦是中国古代食器，在祭祀和宴会时用来放盛黍、稷、稻、梁等作物。

敦，指厚道，厚重、笃实。羊被称为柔毛。兑卦"其言语敦"是取羊温柔敦厚、诚朴宽厚之义。

《孝经章句》说："舆鬼为夏岳，其星明则兵起而战不用节，无兵，兵虽在外，不战。"这就是说，当太阳和水星于五月运行到舆鬼宿附近时，夏至就到了。舆鬼星特别明亮的时候，将会爆发战争。

由此可见，《归藏》说明归的本义是舆鬼宿的舆归。这是弧星射天狼星时误中了参宿的左肩，用车子载着参宿左肩的尸体运到了舆鬼星宿。轩辕黄帝用兑卦来描述天空中星星们的气机归来的故事。

坎卦为房宿，俗称房日兔。兔这个字体就像兔子蹲踞着，后面露出尾巴的形状。

房宿为大辰，即称为大火星。当太阳运行到了西南方向的坎位时，北斗七星的斗柄会指向南方。大地上就进入了夏至。这时，坎位的阳气生长到了极点，阴气开始萌发。所以称夏至时的天之气为刑。当阳气继续舒展到极点时，就会再向南面运行，达到南极，同时向上运动到达朱天。大地上万物呈现出繁衍生息，五谷繁茂地生长。所以说夏至时德气在原野。

《书·尧典》也说："日永星火，以正仲夏。"这里火指房宿星，每年农历的五月间黄昏，房宿出现在西南方的天空中，表示夏至就到了。

夏至正午的太阳似乎停留在全年的最高点，好像静止不动一样。夏至是北半球一年中白天最长夜晚最短的天文现象，这一天也是北半球进入夏季的第一天。

轩辕黄帝将坎卦的卦义定为庆身不动，就是取像兔子蹲踞的样子，说明太阳在夏至时静止不动的情景。

《二十八宿山经》说："房主开闭，以其蓄藏之所由也。"可见《归藏》坎卦所指的庆身不动，还有蓄藏气机能量的意思。

离卦为虚宿，俗称虚日鼠。监监，中立而不倚的意思。古人称秋分为宵中，此日昼长、夜长相等，均为五十刻。指昼夜平分，寒暑平衡。离卦最初本义取监监之象，意思是当虚宿升到南方的正中天空时，就是秋分节气到了。正如《尧典》所说："宵中星虚，以殷仲秋。"所以，轩辕黄帝订立离卦的卦义为离监监。

《孝经内记》说："虚，府廷也。"

《北官候》也说："虚，一名天府，一名黄钟宫，一名兑宫，一名申宫。"这里是说，天府也好府廷也罢，都是藏气纳机之处。兑为秋季，申在西方，黄钟是以阳律候气，这都是虚宿离卦的卦象。

秋分的真实意思是什么呢？按照《春秋繁露·阴阳出入上下篇》中的说法是，"阳在正西，阴在正东，谓之秋分。秋分者，阴阳相半也，故昼夜均而寒暑平"。秋分是阳气在随着阴气的增长而逐渐收敛归藏。

震卦为亢宿，俗称亢金龙。亢龙主火，《归藏》震卦说燀，是火烤之意。太阳和水星于每年的农历八月运行到亢宿的边上，大地上就进入了秋分时节。物候表现在雷声慢慢地消退了。《归藏》卦义为燀若雷之声，是取象秋分时亢金龙龙吟的声音如雷声慢慢地平息下来。

石申说："亢者，庙也。亢者天帝庙宫，亢为天府。"而天府到底是什么意思呢？《周礼·春官·天府》云："天府，掌祖庙之守藏与其禁令。"原为周官名，掌祖庙之守藏，后因称朝廷藏物之府库为天府。由此可见，《归藏》所说的震卦雷之声，有守藏太一天帝之气机能量的意义。

巽卦为昴宿，俗称昴日鸡。在古代称呼鸡为知时畜、司晨鸟。

《尚书·尧典》："日短星昴，以正仲冬。"当昴宿星黄昏出现在东北方的天空时，就表示到了冬至时节。

《说文解字》中这样解释"至"字："鸟飞从高下至地也。"意是说，"至"描画的是鸟从高处飞下来落到地上的样子。

轩辕黄帝定制巽卦的卦义为有鸟将至而垂其翼，是告诉我们，冬至时节如报时鸟飞来低垂着翅膀不能高飞。

真正的含义是什么意思呢？其实，已经告诉我们，冬至时北斗七星的斗杓指向北方，阴气已经上升到了极点，阳气刚开始萌发，古人称冬至时的天之气为德。阴气生长到极点后，就向北方运行达到北极，并向下降到黄泉。这时，万物闭关躲藏，商旅不行，古人称德气在室内。

综上所述，这八个卦都体现了运气的归藏特点，揭示了气机的生长化收藏的规律，古人将黄帝八卦命名为归藏卦是名副其实的！

有诗为证：

夏至水府庙

东君今夏至，北斗南中绳。

尘世渐感知，天地一阴生。

难得两日闲，山川多览胜。

远行念水府，轻车爱双峰。

鸟飞树婷婷，风清烟蒙蒙。

唯有心地平，不畏酷暑盛。

第八章　黄帝八卦的天文与人文

词曰：

如梦令·小暑

己是斗柄指南，夜观井宿中天。小暑黑麋峰，登高云行龙潜。期盼，期盼，谁与天圆地方。

我们按照伏羲八卦的原理推论，首先是天地定位，应该排 1，6 位置；山泽通气，可以排 2，7 位置；水火不相射，排在 3，8 位置；雷风相搏，排 4，9 位。

斗转星移，时空变化。黄帝时期与伏羲时代大约相差了 4500 多年，天空中二十八宿的位置与伏羲时代比较，都顺时针转了 90 度。河图中原 1，6 北方水位变成了东方位置；原 3，8 木转到了南方；同理，原南方 2，7 火位转到了西方；原 4，9 金转到了北方。排列顺序见图。

```
                      南
                      8

              6                 3
     东                   。            西
     1                                    7
              9                 2
                      4
                      北
```

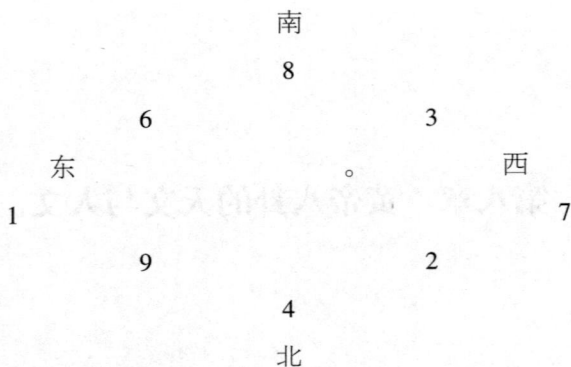

这样，自然就形成了黄帝时期的河图格局。

按照太阳和水星在四帝的范围星辰顺序：

乾1冬至—艮2春分—坎3夏至—震4秋分

坤6冬至—兑7春分—离8夏至—巽9秋分

按照四帝排列顺序：

1东—2西—3南—4北，6东—7西—8南—9北

按照刑德六气顺序：

东南—西—西南—北，东—西北—南—东北

如果将它们都配合起来，我们就可以得到黄帝八卦的原始排列顺序及方位图。

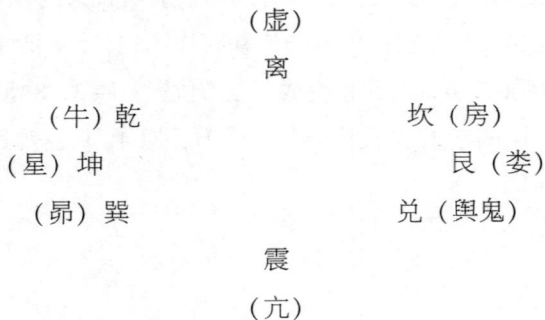

```
                     （虚）
                      离

         （牛）乾                 坎（房）

         （星）坤                 艮（娄）

         （昂）巽                 兑（舆鬼）

                      震
                     （亢）
```

星日马，娄金狗，昴日鸡，牛金牛，房日兔，鬼金羊，亢金龙，虚日鼠。

1乾—2艮—3坎—4震

冬至—春分—夏至—秋分

11月—2月—5月—8月

6坤—7兑—8离—9巽

春分—夏至—秋分—冬至

二月—五月—八月—十一月

我们检索文献后发现，睡虎地秦简《日书》《礼记·月令》以及《淮南子·天文训》都记载了太阳和水星于中气时所在星宿的位置。即春分的黄昏它们出现在娄宿，夏至的黄昏它们出现在舆鬼宿，秋分的傍晚它们出现在亢宿，冬至的早晨它们出现在牛宿。

古天文学家甘德证实说："辰星是正四时；春分效娄；夏至效舆鬼；秋分效亢；冬至效牵牛。其出东方也，行星四舍，为日四十八日，其数二十日，而反入于西方。"

我们由此可见，娄星、鬼宿、亢宿、牛宿最早被轩辕黄帝当作四颗仲星，即中气的标志星记录在他的中天八卦里了，构成了四个卦象，它们分别是：艮卦娄金狗、兑卦鬼金羊、震卦亢金龙和乾卦牛金牛。

这四卦的人文思想，我们可以借用《开元占经·荆州占》阐述："辰星主刑狱；法官及廷尉人君宰相之治，重刑罚，惰法令，杀无罪，戮不辜，弃正法，货赂上流；则辰星不效度，不时节，法官忧。"《荆州占》又说："辰星主刑罚，王者杀无辜，好暴逆，简宗庙，重徭役，逆天时，则辰星伏而不效。主恩宽，赦有罪，轻徭役、赋敛；赈贫穷，调阴阳，和四时，则星效于四仲，天下和平，灾害不生。"

《尚书·尧典》记载了四仲星："日中星鸟，以殷仲春；日永星火，以正仲夏；宵中星虚，以殷仲秋；日短星昴，以正仲冬。"明确说出了四个分至点，其中春分在七星宿，夏至点在大火星房宿，秋分点在虚星，冬至点在昴星。这四个仲星被轩辕黄帝收录在他的中天八卦里，用下面四个卦象表示：坤卦星日马、坎卦房日兔、离卦虚日鼠和巽卦昴日鸡。

这四个卦象的人文意义，我们参考一下文献就会明白。《尚书考灵曜》说："鸟星为春候，火星为夏期，专阳相助，同精感符。虚星为秋候，昴星为冬期，阴气相佐，德乃弗邪，子助母收，母合子符。"（注释：阴为母，少阴为秋，为子，太阴为冬，为母。）又说："主春者鸟星，昏中可以种稷。主夏者心星，昏中可以种黍。主秋者虚星，昏中可以种麦。主冬者昴星，昏中则入山可以斩伐，具器械。王者南面而坐，视四星之中者，而知民之缓急。急则不赋力役，故敬授民时。"（注释：这里的心星应该是房心，为大火星，大辰。）

《淮南子·天文训》记载："太阴所居，日为德，辰为刑。"我们知道了太阳所在星宿时的中气为德气，水星所在星宿时的中气为刑气。黄帝八卦就是描述德刑六气在八个仲星运行规律的。《黄帝内经·至真要大论篇》说："六气分治，司天地者，天地之大纪，人神之通应也。"黄帝八卦描述的刑德六气是提供人类生命活动的能量。

我们知道，最基础的生命运行机制，是细胞利用能量生存的过程，如果出现了问题，主要表现为糖尿病。

目前国际上研究糖尿病的主流方向有两个：一是 β 细胞，二是胰岛素抵抗。

这两种方向发展出的治疗糖尿病的方案都遇到了瓶颈，有科学家提出了第三条道路。

"在我的研究中，我的目标是绕开胰岛素，找到更高效、更安全的方法来降血糖。我相信，肠道是一个关键部位，那里有一些信号分子，能触发通往大脑的神经细胞，然后大脑会告诉肝脏，降低血糖生产。"这就是林国栋的"第三条道路"。——《三联生活周刊》

通过对马王堆西汉帛画的研究，我们找到了一个大脑（心）到肝的通道，其实就是刑德六气运行的顺序，即天之气，始于少阴，终于厥阴。即刑德六气的按官职大小排列顺序。

少阴子午刑德—太阴丑未丰隆—少阳寅申风伯—阳明卯酉大音—太阳辰戌雷公—厥阴巳亥雨师。

气在人体经络中流通方向：

手少阴心（脑）经—手太阴肺经—手少阳三焦经—手阳明大肠经—足太阳膀胱经—足厥阴肝经。

传统中医的"引经报使药性歌"也给我们提供了一些线索。现摘录如下：

> 小肠膀胱属太阳，藁本羌活是本乡。
>
> 三焦胆于肝胞络，少阳厥阴柴胡强。
>
> 大肠阳明并足胃，葛根升麻白芷当。
>
> 太阴肺脉中焦起，白芷升麻葱白乡。
>
> 脾经少与肺部翼，升麻兼之白芍详。
>
> 少阴心经独活主，肾经独活加桂良。

通经用此药为主，岂能有病到膏肓。

我们如果将五脏六腑与归藏八卦相配，找出氨基酸信号分子，再分析这些引经中草药物含有的氨基酸，找出完美信号分子。两者相参照，符合程度很高的话，是不是可以研发出降血糖更高效的中药呢？

有诗为证：

大暑起伏

起伏大暑中，携同四气游。
雷伴乌云远，雨随大江流。
风急鸣青钟，云卷筑洪炉。
究理天地人，一法统宇宙。

第九章　译释《格庵遗录》里的中天八卦

词曰：

临江仙·立秋

缓缓长空北飘云，云朵演绎精彩。

忠奸善恶排过来。

烦暑随风去，立秋闲情在。

青山不老天柱峰，总被仙客器待。

一路修行到鼎台。

世间兴衰事，缘有星主宰。

　　大约在五百年前，有位朝鲜古天文学家名叫南师古，写了一部著名的天文书为《格庵遗录》。因为隐晦难懂，人们把它称为奇书，还说是本预言书。其实，我们只要对照黄帝中天八卦，就不难解读中天八卦的原汁原味出来。估计这是从我国明朝时期传播到高丽国的。现在略解释如下：

　　"五帝中之首上仁，易理之中秘藏文。东方甲乙三八木，青帝将军青龙之神，南方丙丁二七火，赤帝将军朱雀之神，西方庚辛四九金，白帝将军白虎之神，北方壬癸一六水，黑帝将军玄武之神，中央戊己五十土，黄帝将军句陈腾蛇。"

解释：这里介绍天空中四象的方位、顺序、河图数以及五行属性。每一象都有五色帝的神兽镇守。而中央的黄帝是首领，黄帝八卦的易理就密藏在下面的文章中。

"落盘四乳十字理，水升火降病却理。"

解释：八卦是按照东南西北十字方位排列的。现在，（1、6）水位从原来的北方上升到了东方，（2、7）火位从原先的南方降到了西方。

"乾牛坤马牛性理，和气东风真人出。"

解释：乾卦和坤卦都在东方，和煦的天气也是从东方出发，也就是说紫气从东方来。古代在二十八宿与动物的搭配中，牛配牵牛宿，称呼为牛金牛。马配七星宿，称呼为星日马。

"不知春日何望生，一钓三饵左右中。"

解释：一钓就是1，三饵左右即为6。承上文说明乾坤的河图数是1、6。

"锦城锦城何锦城，金白土城汉水边，鸡鸣龙叫何处地，邑者溪边是锦城，鸡龙鸡龙何鸡龙，紫霞仙中金鸡龙，非山非野吉星地，鸡龙白石真鸡龙。"

解释：鸡鸣龙叫的地方在哪里呢？那是在汉水之畔的溪水边上的锦城，其实就是在水一方的北方。这并不是山野之地，而是天上星宿的位置。在里的鸡是指昴日鸡，龙指亢金龙。它们的卦象分别是巽卦和震卦。

这里的白石，指"白石神君，居九山之数，兼将军之号，秉斧钺之威，体连封龙，气通北岳。幽赞天地，长育万物"。

本句话说明了巽卦和震卦在北方，数理为4、9。

"狗羊二七洪烟数，自戌至羊欲知问。"

解释：狗为娄金狗，羊是鬼金羊。它们的河图数理为 2、7。

"咸阳三月家安在，青槐满庭之月，白杨无芽之日，鼠女隐日隐藏时，三床后卧随之没。"

解释：青槐、月，指阴气，为水，其卦为坎卦，其星为房宿，其数为三。白杨、日，指阳气、为长女，其卦为离卦，其星为虚宿，其数为八。所以坎卦和离卦的河图数理为 3、8。

"鼠女隐日隐藏时，水兔三数终未也。"

解释：虚日鼠，为离，日（太阳）本在离卦位，这里被虚宿隐藏。这也是归藏卦的一藏。兔为房日兔，坎为水，所以房宿居坎卦位，其河图数理为 3，那么离卦的河图数理是 8。

"鸡龙白而盘理，鸡有四角邦无手。"

解释：巽卦在四角，昴宿有四颗星，所以巽卦数理为 4，亢金龙震卦的数理自然是 9。

"天地定位永平仙，兑上绝兮艮上连。

水火既济相望好，木火通明春风长。"

解释：乾卦天地定位，兑卦艮卦相连在一起，坎卦离卦如水火既济相望相亲。剩下的不言而喻，巽卦震卦盘根错节也在一起。如图所示。

（虚日鼠）

离

乾（牛金牛）　　　　　（房日兔）坎

坤（星日马）　　　　　　（娄金狗）艮

巽（昴日鸡）　　　　　（鬼金羊）兑

震

（亢金龙）

"鸡有四角邦无手，马头牛角，午未乐堂青龙之后，狗惊羊喜。"

解释：这是概括黄帝八卦的排列顺序，从北方起，按照顺时针转动，龙（震卦）—鸡（巽卦）—马（坤卦）—牛（乾卦）—午（离卦）—未（坎卦）—狗（艮卦）—羊（兑卦）

"天下一气弓乙化，东走者死西入生。"

解释：弓乙指乾坤，意思是乾卦化气从东往西流去。

"须从白兔走青林，西气东来独觉士，一鸡四角邦无手，西方庚辛四九金，圣神降临金鸠鸟，东方甲乙三八木，木兔再生保惠士。"

解释：原先应该在北方的白兔（1、6）现在走到了东方青林。东方的紫气西去。鸡龙为（4、9）属金本应该在西方，因为鸠鸟（2、7）降临到了西方，所以，它们只好去了北方。这里说的是斗转星移，时空变化，乾坤大挪移。兔（1、6）再生在东方木位。

其中深奥的意思是，黄帝时期的天空四象的位置与伏羲时代比较，已经发生了改变，按照顺时针方向已经转动了90度。我们根据时差每51年转动1度推算，黄帝时期应该是公元前4590年左右。这与现代考古发现的新石器时代仰韶文化时期对应得上。

"易理乾坤回圈中，三变九复回归也。

干牛坤马双弓理，乾道成男坤道女。

鼠女隐日隐藏时，三床后卧随之没。

天藏地秘文秘法，日月量解成之也。"

解释：这里说明了黄帝八卦就是归藏卦。其一藏，是说运气到三变九复回归。其二藏，乾坤之道成男女，是破阴气藏阳气。其三藏，鼠女隐日藏时。最后总结，天藏地秘的方法是根据测量日月的运行规律得来的，这就阐明了黄帝中天八卦成卦的秘密！

有诗为证，诗曰：

处暑看云

环路绕城通麦山，处暑不觉愁消散。

轻风翠竹噪寒蝉，天地无常垂否象。

幻梦一场同烟雨，昙花未曾有两现。

出游迎秋看巧云，人生何必叹秋凉。

第十章　归藏的基因密码

诗曰：

白露金风

> 神恬寺庵静，玉露金风藏。
>
> 日落跃长鱼，月缺江水满。
>
> 四季始神明，秋籁天地广。
>
> 高顾寄鸿鹄，行洁桂花香。

首先，我们科普一下分子生物学的一些基本概念：

氨基酸是组成蛋白质的元件，蛋白质又是组成动植物和人体内主要细胞、组织、器官的重要部件，是完成生命活动主要功能的运行机器。

一个生物体携带的全套遗传信息，即基因组。其化学结构是 DNA 线状分子。分子中每个有一定功能的单位被称作基因，每个基因均是由一连串单核苷酸组成。能编码蛋白质的基因称为结构基因。结构基因的表达是 DNA 分子通过转录反应生成线状核酸

RNA 分子，RNA 分子在翻译系统的作用下翻译成蛋白质。

每个单核苷酸均由碱基，戊糖（即五碳糖，DNA 中为脱氧核糖，RNA 中为核糖）和磷酸三部分组成。碱基不同构成了不同的单核苷酸。组成 DNA 的碱基有腺嘌呤（A），鸟嘌呤（G），胞嘧啶（C）及胸腺嘧啶（T）。组成 RNA 的碱基以尿嘧啶（U）代替了胸腺嘧啶（T）。

现在，科学家已经发现，在蛋白质合成时，信使 RNA 分了中每相邻的三个核苷酸（碱基）编成一组，称之为一个"密码子"，代表某一种氨基酸或终止信号。四种核苷酸（碱基）的序列就能决定蛋白质分子中的 20 种氨基酸的排列次序。

关于四碱基与阴阳太少四象配对，自 1973 年法国学者申伯格在《遗传密码子与六十四卦》一书公布开始，我国从 1984 年起，先后有学者秦新华、萧景霖、徐宏达、顾明、潘雨廷、李仕澄等进行过配对，到底哪家的是唯一对应的呢？我们现在从碱基的自然属性分子量和沸点来看看，就不难找出答案。

我们知道，碱基是化合衍生物，其分子间的作用力以范德华力为主，包括氢键，一般认为，分子量比较大的分子，其间的范德华力相对于内部的化学键作用力也比较显著。

沸点指在一定温度下液体内部以及表面同时发生的剧烈的汽化现象。

有机物的沸点高低变化是有规律可循的。液体沸点的高低决定于分子间引力的大小，分子间引力越大，使之沸腾就必须提供更多的能量，因此沸点就越高。可以这么说，分子间作用力的强度越大，沸点越高。

因此，沸点高的物质为阳性，如金属沸点高于水，金属为阳刚，水为阴柔。

嘌呤与嘧啶相比具有更高的熔点和沸点。嘌呤分子间的作用力大而刚强，它们参与的分子反应比嘧啶更积极更活跃。嘌呤也作为前体分子，前体分子是通常以未成熟形式合成并且在它们活化之前需要加工的分子。另一方面，嘧啶不起前体分子的作用。

所以说，嘌呤为阳性，嘧啶为阴性。

我们将五种嘌呤和嘧啶的分子量和沸点从高到低进行排列，如下图：

G 鸟嘌呤　太阳

分子式：$C_5H_5N_5O$，

分子量：151，1261g/mol，

沸点：561.5±42.0°C at 760 mmHg

A 腺嘌呤　少阳

分子式：$C_5H_5N_5$

分子量：135.127 g/mol

沸点：238.81°C at 760 mmHg

U 尿嘧啶　少阴

分子式：$C_4H_4N_2O_2$

分子量：112.09 g/mol

沸点：209.98°C at 760 mmHg

T 胸腺嘧啶　少阴

分子式：$C_5H_6N_2O_2$

分子量：126. 1133 g/mol

沸点：403. 8°C at 760 mmHg

C 胞嘧啶 太阴

分子式：$C_4H_5N_3O$

分子量：111. 1

沸点：208. 2°C（rough estimate）

这样，就得出了嘌呤和嘧啶的阴阳大小的排列顺序。即 G-鸟嘌呤为太阳，A-腺嘌呤为少阳，U-尿嘧啶为少阴，T-胸腺嘧啶为少阴，C-胞嘧啶为太阴。严格地说，碱基对是一对相互匹配的碱基（即 A-T，G-C，A-U 相互作用）被氢键连接起来。如下所示：

A-U 少阳—少阴　　　A-T 少阳—太阴

G-C 太阳—太阴

它们符合阴阳配对的关系。

那么，在碱基对组成 DNA 或 RNA 的氨基酸分子过程中，它们又是按照怎样的排列顺序呢？这就根据核酸的理化性质来说明了。我们知道，嘌呤和嘧啶都含有共轭双键。所以，碱基在紫外波段有较强的吸收。光的波长影响的是光子的能量，波长越短，能量越高。在微观上出现电子由低能级向高能级跃迁，在宏观上就会有因电子跃迁所产生的吸收光谱。我们发现，在五种碱基的紫外线吸收光谱中，按照波长由长到短的排列顺序，就是能量级由低到高的顺序：G—T—C—A—U。见下图：

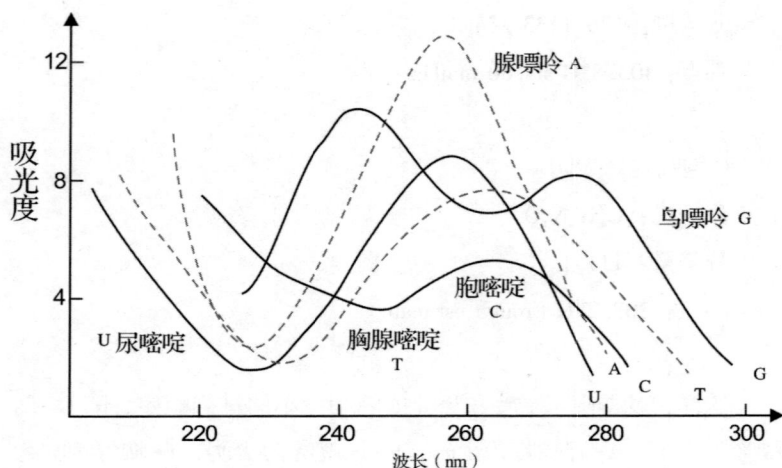

五种碱基的紫外线吸收光谱（pH7.0）

我们现在来验证一下，易经中的四象阴阳太少，是否也符合这样的排列顺序呢？

《易传·系辞》说："是故，易有太极，是生两仪，两仪生四象。"

我们不妨根据郭店出土文物《太一生水》竹简的说法，作一个简明的分析。

太一天帝首先创造出元气（水），轻清的元气上升成为阳气（天），重浊的阳气下降成为阴气（地），这是宇宙终极力量的第一次变化，产生出来阳极气与阴极气。这就是太极生两仪。然而这两极的"阴"和"阳"内部，仍然存在反辅力量的作用，还会继续进行二次演变，阴阳二气相辅相成生出少阳、少阴（神明），少阳和少阴相互作用，进行第三次阴阳演化，形成老阳、老阴（阴阳）。老阳、少阳、少阴、老阴统称为"四象"。这个过程就叫作

"两仪生四象"。

阴阳太少四象的大小从这里显而易见，老阳—少阳—少阴—老阴。这与《黄帝内经》所说："春夏为阳，秋冬为阴"完全一致。其配对原则是原生相配、阴阳相配，少阴配少阳，太阴配太阳。

《易传》中的四象即少阳，少阴，老阳，老阴，与二十八星宿四象相互配合，东方青龙少阳主春，西方白虎少阴主秋，南方朱雀老阳主夏，北方玄武老阴主冬。

马王堆西汉帛画中四个武弟子，东西一组，南北一组。少阳为东主春，少阴为西主秋；老阳为南主夏，老阴为北主冬。

这四象与四种碱基正好对应起来，它们分别是：鸟嘌呤 G 等于老阳；腺嘌呤 A 当为少阳；胸腺嘧啶 T、尿嘧啶 U，归于少阴；胞嘧啶 C 就是老阴。

老阳—少阳—少阴—老阴，这正好与我国学者秦新华 1984 年第一个提出的配对关系相符合（详见《潜科学》杂志）。

既然四种碱基与阴阳四象对应起来了，那么，就可以根据这唯一的对应性，推导出三联体密码子和六画八卦。

第一排碱基按照老阳少阳少阴老阴，大往小来，老阴少阴少阳老阳小往大来的顺序，第二排碱基按照老阳少阳；少阴老阴；少阴老阴；老阳少阳；少阴老阴；老阳少阳；少阳老阳；少阴老阴这样的顺序确定各个卦宫。第三排碱基一律按照老阳配老阴 G—C，少阳配少阴 A—U 的顺序。

如图所示：

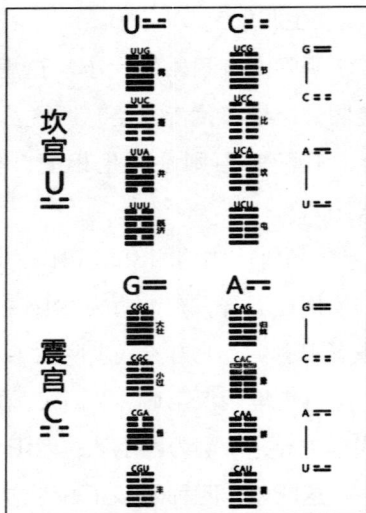

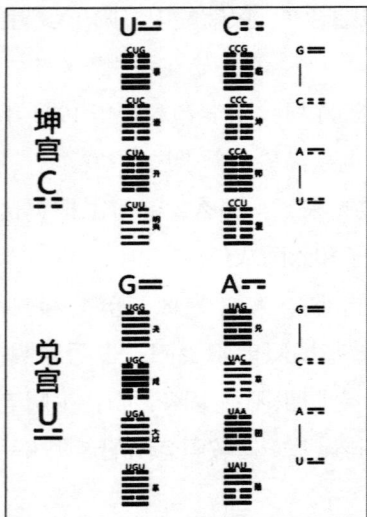

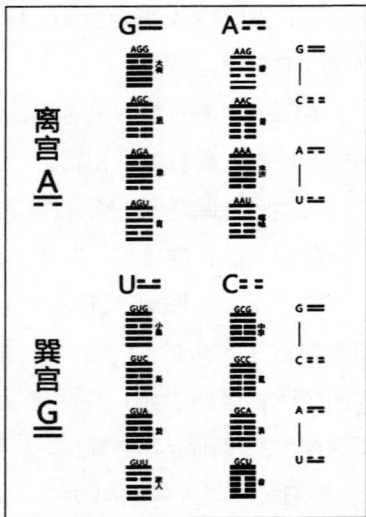

　　我们依据上图，正好符合黄帝中天六十四卦卦序，这样，就可以得到六十四个密码子的排列顺序。如下表：

	老阳 G	少阳 A	少阴 U	老阴 C	
G 老阳	GGG 乾	GAG 履	GUG 小畜	GCG 中孚	G 老阳
	GGA 姤	GAA 讼	GUA 巽	GCA 涣	A 少阳
	GGU 同人	GAU 无妄	GUU 家人	GCU 益	U 少阴
	GGC 遁	GAC 否	GUC 渐	GCC 观	C 老阴
A 少阳	AGG 大有	AAG 睽	AUG 大畜	ACG 损	G 老阳
	AGA 鼎	AAA 未济	AUA 蛊	ACA 蒙	A 少阳
	AGU 离	AAU 噬嗑	AUU 贲	ACU 颐	U 少阴
	AGC 旅	AAC 晋	AUC 艮	ACC 剥	C 老阴
U 少阴	UGG 夬	UAG 兑	UUG 需	UCG 节	G 老阳
	UGA 大过	UAA 困	UUA 井	UCA 坎	A 少阳
	UGU 革	UAU 随	UUU 既济	UCU 屯	U 少阴
	UGC 咸	UAC 萃	UUC 蹇	UCC 比	C 老阴
C 老阴	CGG 大壮	CAG 归妹	CUG 泰	CCG 临	G 老阳
	CGA 恒	CAA 解	CUA 升	CCA 师	A 少阳
	CGU 丰	CAU 震	CUU 明夷	CCU 复	U 少阴
	CGC 小过	CAC 豫	CUC 谦	CCC 坤	C 老阴

关于四象与人体器官对应关系，《黄帝内经·六节藏象论》已经说得十分清楚了。

"心者，生之本，神之变也；其华在面，其充在血脉，为阳中之太阳，通于夏气。

"肺者，气之本，魄之处也；其华在毛，其充在皮，为阳中之少阴，通于秋气。

"肾者，主蛰，封藏之本，精之处也；其华在发，其充在骨，为阴中之太阴，通于冬气。

"肝者，罢极之本，魂之居也；其华在爪，其充在筋，以生血气，其味酸，其色苍，此为阳中之少阳，通于春气。

"脾、胃、大肠、小肠、三焦、膀胱者，仓廪之本，营之居也，名曰器，能化糟粕，转味而入出者也，其华在唇四白，其充在肌，其味甘，其色黄，此至阴之类，通于土气。

"凡十一脏，取决于胆也。"

原来藏象是脏气藏于碱基四象之中，符合太一生水的生成论。如图所示：

碱基的组合有 64 种密码子，正好可以用 64 卦来表示。

我们已知的八卦就有三种，即伏羲八卦及 64 卦方圆图，黄帝八卦及马王堆帛书六十四卦。还有神农八卦与周易六十四卦。也就是说有先天八卦、中天八卦和后天八卦。我们到底用哪一种八卦来对应这 64 个密码子呢？下面我们不妨来分析一番。

从前面章节中就已经介绍了伏羲八卦的起源和特点，是为行军作战使用的。神农八卦是描述各大行星距太阳远近距离的，用来定位天地空间。而只有黄帝八卦是表达宇宙间五运六气的运行规律，形象地刻画出运气的归藏路线图。

在马王堆西汉帛画《太一出行图》中，四个武弟子由东到西、从南到北地排列出行，正好与黄帝归藏中天八卦排列次序高度一致。这与碱基四象配对：U 少阳（东）—C 少阴（西），G 太阳（南）—A 太阴（北）的顺序十分吻合。

所以，我们就可以得出结论，黄帝中天八卦及其六十四卦就是遗传基因密码子的归藏图。详见表如下：

GGG 乾	GAC 否	GGC 遁	GAG 履	GAA 讼	GGU 同人	GAU 无妄	GGA 姤
AUC 艮	AUG 大畜	ACC 剥	ACG 损	ACA 蒙	AUU 贲	ACU 颐	AUA 蛊
UCA 坎	UUG 需	UCC 比	UUC 蠢	UCG 节	UUU 既济	UCU 屯	UUA 井
CAU 震	CGG 大壮	CAC 豫	CGC 小过	CAG 归妹	CAA 解	CGU 丰	CGA 恒
CCC 坤	CUG 泰	CUC 谦	CCG 临	CCA 师	CUU 明夷	CCU 复	CUA 升
UAG 兑	UGG 夬	UAC 萃	UGC 咸	UAA 困	UGU 革	UAU 随	UGA 大过
AGU 离	AGG 大有	AAC 晋	AGC 旅	AAG 睽	AAA 未济	AAU 噬嗑	AGA 鼎
GUA 巽	GUG 小畜	GCC 观	GUC 渐	GCG 中孚	GCA 涣	GUU 家人	GCU 益

  我们谈到这里，有人不禁要问，这样将 64 个密码子与黄帝中天归藏八卦对应起来有什么意义呢？确实，在分子生物学和基因工程的技术开发上有待利用。至少，为分子生物学及遗传基因工程的发展提供了一套严谨的基础理论。目前，也可以解决一些分

子生物学中的困惑问题。例如：蛋白质磷酸化，指由蛋白质激酶催化的把 ATP 的磷酸基转移到底物蛋白质氨基酸残基（丝氨酸、苏氨酸、酪氨酸）上的过程，或者在信号作用下结合 GTP，是生物体内一种普通的调节方式，在细胞信号转导的过程中起重要作用。蛋白质磷酸化是调节和控制蛋白质活力和功能的最基本、最普遍，也是最重要的机制。

在信号转导中，为什么磷酸化一般发生在苏氨酸、丝氨酸和酪氨酸上？这个经典的问题至今为止还没有理想的解释，下面，我们试着从卦象上来解答：

根据热力学第二定律，能量可以分为高级能量和低级能量，其中高级能量总要转变为低级能量。正如水总是从高处流向低处，越是高处的水代表的就是高级能量。而处于低处的水代表的就是低级能量。

酪氨酸激酶的活性主要是存在最大的能量级差，即 UAC 旅卦处在 3 级（最高级），而 UAU 小过卦是 0 级。

丝氨酸中也存在 3 个能级差。其中，大蓄卦 AGC 居在 3 级与泰卦 AGU 就是 0 级；萃卦 UCG 处在 3 级与否卦 UCA 居于 0 级；豫卦 UCU 的 2 级与晋卦 UCC 的 1 级。

苏氨酸里面的履卦 ACA 是 3 级与睽卦 ACC 的 0 级。

还有一个问题，为什么终止密码子居然可以编码氨基酸？一些资料表明，第 21、22 种氨基酸是由终止密码子 UAG、UGA 编码的。如肺炎支原体中的 tga 都编码为色氨酸，而基因都用 taa、tag 作终止。

只有在真核生物中的 UAA、UAG、UGA，它们是蛋白质合成的终止信号，并不编码氨基酸。

这是因为，终止密码子 UAA 困卦、UAG 兑卦、UGA 大过卦分别处在不同的能量级上，UAA 困卦在 0 级；UGA 大过卦在 1 级；UAG 兑卦在 2 级。这就说明，在不同的能量级存在终止信号的开关，在终止本能量级段的循环运行后，向更高级的方向发展。而在高能量级的启动是比较容易的。现在发现起始密码子有两个，它们是 AUG 和 GUG，分别对应甲硫氨酸和缬氨酸。因为，AUG 大蓄卦在 3 能量级，GUG 小蓄卦在 2 能量级。这就是归藏卦象最好的证明！

现在，问题又来了！我们怎样知道氨基酸与其对应的卦处在哪个能量级别呢？

这就要参照"时空能量级别分布六十四卦图"。如下图：

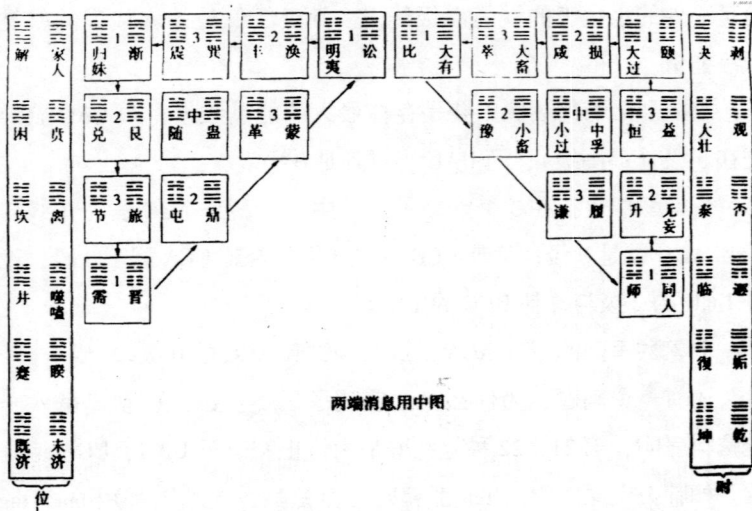

两端消息用中图

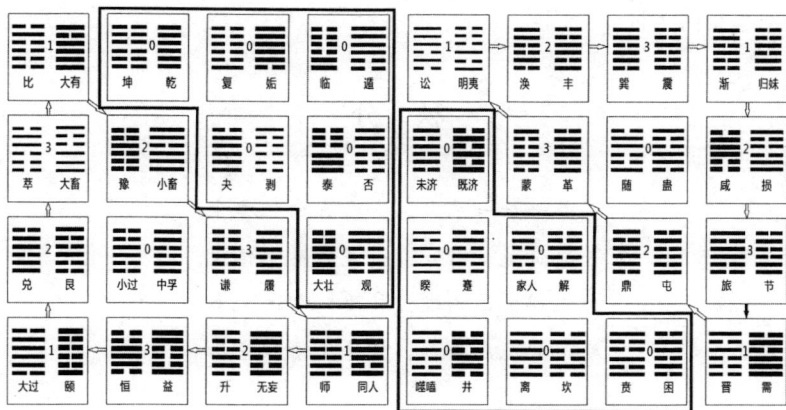

时空之易能量级六十四卦

　　这图原是已故易学家潘雨廷先生公布过的"两端消息用中图"，本意是告诉我们，时间和空间本身的消息转换的卦理。幸运的是，我们在研究这幅图时发现，时空的转换是有能量级差的，它们是靠能量级差自然完成了相互之间的转化。而且，每一卦的能量级别就赫然显示在这张图上了。在这个基础上，本人受到马王堆西汉帛画《太一出行图》的启发，悟出了《时空之易能量级六十四卦》，并在本书第五章详述了《时空能级图》，此处为其具体应用。期待未来，在生物信息学领域，运用《时空之易能量级图》来研究新的未知基因或者蛋白质功能的一个有力工具，通过把它们的序列与已知基因或者蛋白的序列进行比对，帮助分子生物学家们得到定量、精准以及快速的比较结果。

有诗为证，诗曰：

秋　分

一鼎一灶一水火，一念太白一参坐。

一尊黄龙一心守，一龙独奉一传说。

天文禅机白驹过，礼乐仁智道义多。

庭院数花应声落，露冷风清秋分后。

第十一章　星象与周易

诗曰：

寒露采仙草

秋深露重未见霜，满谷香甜丹桂芳。

行至水上清风处，且做云中采药郎。

袅袅纤姿春柳妒，累累硕果秋获望。

寻得后山圣仙草，凤凰翩跹舞霓裳。

马王堆西汉帛画《太一出行图》，描述的是星星们遨游宇宙时空之旅。文王八卦《周易》也是依据星象的变化预测人间的凶吉安危。所以说，古代天文占星是易经中不可缺失的重要一环。现在，我们试着用帛画《太一出行图》的星象，来解释《周易》中的卦象。

1. 北斗七星——乾卦

2. 太一天帝——恒卦

3. 圆圈中的"社"字——坤卦

4. 勾陈——剥卦

5. 太阴（天一）——复卦

6. 太白金星——观卦

7. 轩辕星——谦卦

8. 参宿——师卦

9. 火星——屯卦

10. 水星——鼎卦

11. 心宿——离卦

12. 咸池——咸卦

13. 土星——夬卦

14. 木星——升卦

15. 太阳——晋卦

16. 月亮——兑卦

17. 太白金星——豫卦

第一节　周易乾卦详解

乾卦原文

乾。元，亨，利，贞。

象曰：天行健，君子以自强不息。

白话文解释

乾卦：北斗七星是太一天帝（北极星）的马车，区别分辨出阴阳二气，建立四季，设立五行用于纪时，这是元的性质；运转不停应合节气，这是亨的实质；规定时序的纲纪，立于中正位置授度四方，这是贞的本性；配合二十八宿，让天时顺发，地利万物，天下和美，这是利的表现。北斗七星具备元，亨，利，贞的品德，忠实地执行太一天帝（北极星）的号令。所以大吉大利。

《象辞》说：天道刚健，运行不止。君主观此卦象，遵守天道的德行，自立自强，永不停息。

古天文星象学提示

《黄帝占》记载："北斗为帝车，运于中央，临制四方，分别阴阳，建于四时，均立五行，移应节度，定诸纪纲，太一之事也；配于二十八宿，天所以发其时，地所以成万物，诸侯属焉。"

《春秋纬·元命包》说："斗为帝令，出号布政，授度四方，故置辅星，以佐功为。"

乾卦初九爻辞

初九。潜龙勿用。

象曰：潜龙勿用，阳在下也。

白话文解释

初九：北斗槐的第一星，是天道，主管阳气初始生发，以五子表示，代表春夏秋冬及长夏的气机，助万物生长。这开始生长的阳气，如初升的太阳，一缕曙光刚从地平线上射出，还未形成热力四射的光芒；又如刚破土而出的树苗，尚未长成参天大树有用之材；就像潜藏的龙，暂时不能施展身手。

《象辞》说：潜藏的龙，暂时不能施展身手，因为阳气伏藏在下面，所以不要有所作为。

古天文星象学提示

《黄帝占》记载："北斗魁第一星，为天道；六甲主五子，甲子、丙子、戊子、庚子、壬子，五子者，气之始也。魁星建除主建万物。甲子木，春始王，所以通达根茎；丙子火，夏始王，所以通成花叶；戊子土，季夏始王，主万物肌肤；庚子金，秋始王，煞万物；壬子水，冬始王，主舍冻定根。故魁星为岁星，其位甲子；故天子不尊鬼神，幼稚多弱，则魁星不明；不明，则岁星不光；不光，则万物少稚不昌，天润不盈，魁星不泽，列地封虚财而不赏，王道所后及，皆思其下纪也。"

乾卦九二爻辞

九二。见龙在田，利见大人。

象曰：见龙在田，德施普也。

白话文解释

九二：北斗第二星为地道，如龙展现在大地之上，具有大地厚德载物的天性，使万物生长茂盛。北斗第二星又是太白金星的本性，主管大臣们的地位。所以有利于大臣会见君主。

《象辞》说：北斗第二星像龙出现在大地上，初露头角，有利于大臣会见君主，获得栽培，受到提携，就能够有施展才华之地，能够广施德泽，为社会作出较大的贡献。

古天文星象学提示

《黄帝占》曰："北斗第二星，为地道；六甲主乙丑、乙亥、丁丑、丁亥、己丑、己亥、辛丑、辛亥、癸丑、癸亥，建除主除闭。物无不除；除陈发新，地道自虐；故天使万物，皆得盛合宁；故第二星为太白，其位后主诸侯。"

乾卦九三爻辞

九三。君子终日乾乾，夕惕若；厉，无咎。

象曰：终日乾乾，反复道也。

白话文解释

九三：北斗第三星主管人道，主掌荧惑火星。君主上承天道，而天道酬勤，白天勤奋努力，夜晚戒惧反省。君主对下层格致理物，确立家国天下的规矩。这样即便处境艰难，但终究没有灾难。

《象辞》说：君主应该是像北斗第三星与荧惑火星，始终明亮如初，整天勤奋努力，终而复始，循名复一，持守大道。

注释

乾乾：指火星明亮灼照从不熄灭，在这里比喻君子勤勉不懈。惕：有敬的意思，小心谨慎、警惕。夕惕若：是说晚上也要保持警惕的样子。厉：是指危险。咎：是指灾害。厉无咎：是说时刻保持警惕，这样虽然存在着危险，但是不会造成灾难。

古天文星象学提示

《黄帝占》曰："北斗第三星，为人道；六甲主丙寅、甲戌、戊寅、丙戌、庚寅、戊戌、壬寅、庚戌、甲寅、壬戌，建除主满开。天下能承天理物，设上定下，夫妇升进，而定家道，故第三星主荧惑，百姓不进为退，过则第三星不明，不明则即荧惑无光，无光则百姓罢死役，士多避过亡匿，智士退，贤人避。"

乾卦九四爻辞

九四。或跃在渊，无咎。

象曰：或跃在渊，进无咎也。

白话文解释

九四：北斗第四星，主管春夏秋冬四季，主掌辰星水星。如同打着漩涡的回水，随着时间推移不断循环前行。这是没有什么问题的。

《象辞》说：主管四季的北斗第四星，如同打着漩涡的回水，循环前进着。没有什么问题。

注释

（1）辰星为水星。

（2）渊薮，本义：打漩涡的水。

渊，回水也。——《说文解字》

水出地而不流，命曰渊水。——《管子·度地》

（3）或，这个样子。

古天文星象学提示

《黄帝占》曰："北斗第四星，为四时；六甲主丁卯、癸酉、己卯、乙酉、辛卯、丁酉、癸卯、己酉、乙卯、辛酉，建除主平四时。四时，万物之节度数也，故第四星为辰星，其位为司徒。故天子出令，教化不顺四时，春行秋政，夏行冬政，秋行春政，冬行夏政，四时不和，不明则辰星无光，无光则岁凋杀，五谷不升，万物不昌，百姓夭丧，上下不相亲，司徒非其人。"

乾卦九五爻辞

九五。飞龙在天，利见大人。

象曰：飞龙在天，大人造也。

白话文解释

九五：北斗第五星主管德令，主掌土星。因为土星代表中天之宫，如飞龙在中天紫薇宫，利于见到中央太一天帝。

《象辞》说：北斗第五星主德令，如龙在中天传令，这是太一天帝发出的指令。

注释

中天，中宫，紫薇星垣。

大人，太一天帝，北极星。

古天文星象学提示

《黄帝占》曰："北斗第五星，为首德，六甲主戊辰、壬申、庚辰、甲申、壬辰、丙申、甲辰、戊申、丙辰、庚申，建除主定成。音者，五气之和，五宫之政，制乐之节，皆在于是；故第五星为填星，其为天子中宫。"

乾卦上九爻辞

上九。亢龙有悔。

象曰：亢龙有悔，盈不可久也。

白话文解释

上九：北斗第六星主管法律，主掌月亮，执行太一天帝的法令，威严使用刑法，使违禁者悔改。

《象辞》说：威严使用刑法，使违禁者改悔，就像月满不可以长久一样，骄傲自满也是人们所厌恶的。

注释

盈：骄傲、自满。《易经·谦卦·象曰》："人道恶盈而好谦。"《抱朴子·外篇·安贫》："夫藏多者亡厚，好谦者忌盈。"

亢：《说文解字》注："亢为抗之假借字。亢、御也，禁也。"

悔：改悔。

古天文星象学提示

《黄帝占》曰："北斗第六星，为法星；六甲主己巳、辛未、辛巳、癸未、癸巳、乙未、乙巳、丁未、丁巳、己未，建除主执危。法律者，所以善善而恶恶也；故死者不可生，刑者不可息；故第六星为月，其位主天理；天子出令，法苛刻，诛不正，威煞用刑，则第六星不明，不明则月不光，不光则执政不察，盗贼并起。"

乾卦用九原文

用九：见群龙无首，吉。

象曰：天德，不可为首也。

白话解释

用九：北斗第七星称为部星，主管天上江河之水，又主掌太阳，主管战争。就像江河淮济，不见源头，似乎无首，但是畅流终归大海，吉利，寓意气机茂盛，天帝施德，如阳光普照。

《象辞》说：太一天帝的本性是行于四时而藏于水，周而又始，以己为万物母；一缺一盈，以己为万物经，不会成为首领。

古天文星象学提示

《黄帝占》记载："北斗第七星，为部星；六甲庚午、壬午、丙午、戊午、甲午，建除主破收，主兵，主天四渎。渎者，江河淮济之水，故第七星主日，其位主司马，不敬诸神江河淮济，则第七星不明；不明则日无光，则海水出，流煞百姓，则其年有兵，司马将军而行，万民不昌，司马与士卒俱凶。"

《春秋繁露·人副天数》说："天德施，地德化，人德义。"

第二节　周易恒卦详解

恒卦原文

恒。亨，无咎，利贞。利有攸往。

象曰：雷风，恒。君子以立不易方。

白话文解释

恒卦：在紫薇宫中，北极五星中最明亮的那颗星，是太一天帝散发出来的光芒，流光溢彩，照耀宇宙。天帝饱含元气，命令北斗运行于中央而制临四方，分别阴阳建立四季，设立五行而定诸纪纲，流行精气，产生太极，树立含枢纽为中央黄帝。所以，太一天帝住在北极星宫，主宰宇宙。

《象辞》说：从卦象上看，上卦为震，下卦为巽，震为雷，巽为风，风雷相荡，天地造化，神明诞生，这是太一天帝在树立中央含枢纽黄帝。

恒卦卦象的基本含义

恒卦，震上巽下。震为阳、为刚；巽为阴、为柔。阳刚在上，阴柔在下。激阳为雷，伏阴为风，阴阳和合，风行精气，天地造化。常德之情，长久之状，故称为恒。

《象辞》中这样解释恒卦：雷风，恒；君子以立不易方。这里指出，恒卦的卦象是震雷巽风，为风雷交加之表象，二者经常在相辅相成，反复不停地活动，这是太一帝君创造天地万物的行为，正在树立中央黄帝的形象。四面八方，只有正中央为不变不易之方。

从卦象上来进行分析，恒卦上卦为震为雷为阳刚，下卦为巽为风为阴柔，雷动风行，这是大自然中的相伴永相随的形象，也是人们都能看到的现象。古人用刮风打雷这一自然现象来说明阴阳相合的道理，从而推断太一天帝创造的天地万物时的情景。

古天文星象学小贴士

《春秋纬》曰："北极星，其一明大者，太一之光，含元气，以斗布常，开命运，节序神明，流精生一，以立黄帝。"

《春秋纬》曰："道起于元一为贵，故太一为北极天帝位。"

《河图》曰："黄帝以雷精起。"

恒卦初六爻详解

初六爻辞

初六。浚恒，贞凶，无攸利。

象曰：浚恒之凶，始求深也。

古天文星象学小贴士

《黄帝占》曰："北极者，一名天极；一名北辰。极星盛，人君吉昌；不明，人君耗。"

《公羊》昭十七疏曰："北者高也，极者藏也，言太一之星，高居深藏，故名北极也。"

《荆州占》曰："北极出斗，去地三丈，大星独居，无位出，天下大乱，易姓，人相食。"

白话文解释

浚为深为远，北极大星高居深藏，如果远离北斗，似乎高处不胜寒。此时，天下大乱，饥荒来临，人们易子而食，十分悲惨。如果高远的北极大星不明亮的话，国君就会消耗府库，无利可图。

《象辞》说：高居深藏的北极大星，给天下预示的凶险之象，必定应验在它远离北斗且不明亮的状态。

初六爻变卦发展方向

初六爻动变成大壮卦：震上乾下，雷天大壮。震为雷，乾为天。阴阳相薄为雷，雷为天下之鼓，天雷振动，阴阳和合，万物开始生长壮大。象征君臣百姓一团和气，关系融洽。所以京房说："雷之为政，大壮始。"大壮卦是十二消息卦的成员，主掌二月。

恒卦九二爻详解

九二爻辞

九二。悔亡。

象曰：九二悔亡，能久中也。

古天文星象学小贴士

《孝经纬》曰："德至天，则斗星极明，甘露下。"

《史记 天官书》索隐曰："北辰其星五，在紫微中。紫微，大帝室，太一之精也。"

《初学记》曰："天皇大帝，北辰星也。含元秉阳，舒精吐光，居紫宫中，制御四方，冠有五采。"

《春秋合诚图》曰："五光垂彩，天下大嘉。"

《云笈七签》曰："夫守中自然之法，不能晓知天地人物所从出，不能知道之根源变化所由缘。"

白话文解释

九二：灾害自行消失，幸福吉祥。

《象辞》说：九二爻辞告知人们，当观察到北极大星特别明亮时，预示着天降甘露，灾害自行消失，人民幸福吉祥。这是因为太一天帝长居紫微宫中，统御四方，持久坚守中道所带来的。

九三爻辞

九三。不恒其德，或承之羞，贞吝。

象曰：不恒其德，无所容也。

古天文星象学小贴士

《春秋纬·斗运枢》曰："王者承度行义，郊天事神不敬，废礼文，不从经图，则枢星不明，主病目舌。"

白话文解释

九三：王者须随时观察天象，遵从符命与图录所言，如果没有严格遵照太一天帝的指令，郊祀天帝时或许没有敬献太牢，那将会有吝难。

《象辞》说：没有严格遵照太一天帝的指令，必然落到无所容身的地步。

九三爻的基本含义

恒卦第三爻，爻辞：九三：不恒其德，或承之羞，贞吝。

爻辞释义

或，《说文解字》："疑也。凡或人或曰皆阙疑之辞。《易·乾卦》或跃在渊。《朱子·本义》疑而未定之辞。"

承：是指承受、接受。

羞，《说文解字》："进献也。从羊，羊所进也。"

本爻辞的意思是：没有严格遵照太一天帝的指令，郊祀时或许没有敬献太牢，将会有咎难。

从卦象上看，九三属于阳爻居刚位，与九二爻，九四爻构成乾卦。乾卦的卦象是北斗七星，代表太一天帝主管一年四季。《鹖冠子·环流》说："斗柄东指，天下皆春；斗柄南指，天下皆夏；斗柄西指，天下皆秋；斗柄北指，天下皆冬。"就是说：若把观测的时间固定于傍晚，则二月春分时斗柄指东，五月夏至时斗柄指南，八月秋分时斗柄指西，十一月冬至时斗柄指北。借助斗柄指向地面上的东西南北四个方位，可以确定四个季节的中间日期，二至二分的所在月确定之后，其他月份也就容易确定了。（注：二至二分是指夏至、冬至、春分、秋分，以上月份为农历）

《春秋纬元命包》也说："北斗为太一天帝发布政令，传达四面八方。有人君之象，是号令之主。"九三爻就是为太一天帝传达指令的。

《象辞》中分析此爻道："不恒其德，无所容也。"这里指出，没有严格遵照太一天帝的指令，与时相违，倒行逆施，因此会落到无处容身的田地。

九三爻变卦发展方向

九三爻动变成解卦：雷水解。震上坎下。震为雷、为动；坎为水、为雨。天地开解就会发生雷雨，雷雨发生百果草木都破壳而出，一派生机勃勃的景象。

《象辞》告诉君主，应当从天地解封后草木萌生想到宽宥有过之人。所以京房说："君臣强，从解起。"

九四爻辞恒卦

九四。田无禽。

象曰：久非其位，安得禽也。

古天文星象学小贴士

《荆州占》曰："北极中央星不明，去疏，主不用事。"

《春秋纬》曰："北极，主出度。"

白话文解释

九四：当北极中央大星不光明，未应去而去时，预示君主没有田猎之事。

《象辞》说：若北极星中央大星长久处于不适当的地位，人君怎么会有收获呢？

九四爻的基本含义

恒卦第四爻，爻辞：九四：田无禽。

爻辞释义

本爻辞的意思是：没有安排去田野打猎的事情，自然也就没有捕获到任何禽兽。

从卦象上看，九四这一爻属于阳爻居柔位，恒居不当之位，虽与初六爻应，应当去做的事而没有去做，原来是受到北极星座的影响。如同到外面打猎却一无所获。

《象辞》中这样分析本爻：久非其位，安得禽也？

这里指出：当主星长久地处在不属于自己应该处的位置上，

人君又怎么能够从事田猎这样的大事情而捕获到禽兽呢？

九四爻变卦发展方向

九四爻动变成升卦：地风升。坤上巽下。坤为地、为顺；巽为风、为木。

木星是岁星，为雨师。九四爻变动后，受到太一大帝的提摄，成为太一天帝的文臣，正如马王堆帛画中的雨师，护卫在太一帝的左边。

六五爻辞恒卦

六五。恒其德，贞。妇人吉，夫子凶。

象曰：妇人贞吉，从一而终也。夫子制义，从妇凶也。

古天文星象学小贴士

《合诚图》曰："钩陈，大帝之正妃也；大帝之常居也。"

郗萌曰："钩陈者，后宫也。"

司马迁《天官书》曰："后勾四星；末大星，正妃；余三星，后宫之属。"

《荆州占》曰："钩陈，天子大司马。"又占曰："钩陈者，黄龙之位也。"

《荆州占》曰："钩陈四守，太一之所妃也。"

《黄帝占》曰："钩陈四守，星盛，人君吉昌；不明盛，人君耗。"

石申曰："钩陈星，欲其光明耀美，天子左右强；若细色黑，左右弱。"

郗萌曰："钩陈星盛，天子之辅强；小微，即辅弱。"又占曰："钩陈星去，不见，女主恶之。"

《荆州占》曰："主不用谏，佞人在位，则钩陈星不明。"

白话文解释

六五：钩陈六星，是太一天帝的后宫，其末一颗大星，是天帝的正妃。如果钩陈星盛明，那么人君就吉昌，辅臣们的能力就强大。如若钩陈星不明亮，且偏离正常位置而远去，预示人君不会采纳谏言，奸佞小人就会得势，辅臣们就会有凶险。

《象辞》说：勾陈正妃盛明，自始至终坚守太一天帝之道。天帝因事制义，主宰宇宙。人君也要力行天帝不易之道，如果听从奸臣佞语，就会遭受凶险。

六五爻的基本含义

恒卦第五爻，爻辞：六五：恒其德，贞；妇人吉，夫子凶。

爻辞释义

恒，长久，持之以恒。德，太一天帝之道。

贞为正，这里是指正妃。妇人指妃子，代表勾陈后宫。夫子为勾陈四星辅臣。

本爻辞的意思是：对天道持之以恒，勾陈星将盛明，吉祥。反之，勾陈四星暗淡，辅臣凶险。

六五爻变卦发展方向

六五爻动变成大过卦：泽风大过。兑上巽下。兑为泽、为悦，巽为木、为顺，如一叶扁舟顺行湖泽之中，归隐江湖之上。韬光养晦，被褐怀玉，最后能成就较大的事业。

上六爻辞恒卦

上六。振恒，凶。

象曰：振恒在上，大无功也。

古天文星象学小贴士

石申曰："北极星明大，数动摇，主好出游；色青，微灭，皆凶。"

白话文解释

上六：北极大星明亮，数次摇动，预示着君主喜欢游山玩水，远行。如果大星颜色变青微亮，那么就会带来凶险。

《象辞》说：人君不能像北极星这样动摇变色，所制定的政策不能朝令夕改，政令无常，不然会劳而无功。

上六爻的基本含义

恒卦第六爻，爻辞：上六：振恒，凶。爻辞释义，本爻辞的意思是：动摇变更既定的计划，不能坚守恒久之道，凶险。

《象辞》分析此爻说："振恒在上，大无功也。"这里指出：动摇变更既定的计划，不能坚守恒久之道，但是又高高在上，发号施令时又朝令夕改，终将一事无成，无所建树。

从卦象上看，上六爻处于全卦的最高处，同时又是震卦的最上爻，具有根基不稳，显著摆动的趋势。位居高处而摇摆不停，不断地改变既定的计划和方略，将让下属无所适从也无法贯彻落实和执行。这样是不会有所作为的，而且十分凶险。

上六：振恒，凶。

象曰：振恒在上，大无功也。

经文意思是：长时间摇动不停止，凶险。

《象辞》意思是：在最上位摇动不停，将不会有大的作为。

上六爻变卦发展方向

上六爻动变成鼎卦：火风鼎。离上巽下。离为火，巽为风，为木。风助火势，立鼎煮食。鼎为炉灶，在星象上看，是鼎星、灶星，即辰星（水星）。

辰星持恒德，调和阴阳，节序四时，效其万物。在马王堆出土汉墓帛画中，有黄龙持炉的形象。鼎为国之重器，象征国家政权、政策。一言九鼎，表示政令一出不能改变，要坚定地贯彻执行下去。

第三节　周易坤卦详解

坤卦原文

坤。元，亨，利牝马之贞。君子有攸往，先迷后得主。利西南得朋，东北丧朋。安贞，吉。

象曰：地势坤，君子以厚德载物。

白话文解释

坤卦：元气初始分开，清气上升，浊气下沉，重浊部分组成了地球，这是万物有规律集中展示的地方。

地球永不停息公转运动不止，如同母马奔驰，君主驰骋万里疆场。地球向右自转运动，因气浊清少，含阴气重而转动较慢，似乎迷失了方向一般，后来才右转迎向天空，如同找到了主人一样。地祇在西南方向的昆仑山与圣人神仙相聚，后土神在东北方向的幽都掌管冥界。五行中的"后土"，亦即是"社"神，与地祇两者同为一神。大吉大利！

《象辞》说：大地的形势就是坤卦。君主观此卦象，效法大地的品德，以深厚的德行来承担大任。

古天文星象学提示

《淮南子》曰："重浊者淹滞而为地。"

《说文》曰："元气初分，重浊为地，万物所陈列也。"

《洪范五行传》曰："地者，成万物者也。"

《元命包》曰："地者，易也。言养物怀任易变化，含吐应节，故其立字土力于一者为地。"

《素问》曰："积阴为地，故地者浊阴。"

《考灵曜》曰："地有四游，冬至地上北而南三万里矣，恒动而不止，而人不知，譬如人在大舟行，而人不觉也。"

《元命包》曰："地所以右转者，气浊清少，含阴而起迟，故转右迎天。"谓阴气也。

《博物志》曰："地祇之位，起形于昆仑，纵广万里，高万一千里，神物所生，圣人仙人之所集。昆仑之东北，地转下三千百里，有八玄幽都，方二十万里。地下有四柱，柱广十万里，有三千六百轴，犬牙相举也。"

《山海经·西山经》曰："西南四百里，曰昆仑之丘，是实惟帝之下都，神陆吾司之。"

往西南方向四百公里的地方，名叫昆仑山，它是太一天帝在下界的都城，由陆吾天神主管。

《山海经·大荒西经》曰："西海之南，流沙之滨，赤水之后，黑水之前，有大山，名曰昆仑之丘。有神，人面虎身，有文有尾，皆白，处之。有人戴胜，虎齿，有豹尾，穴处，名曰西王母。"

西海的南方，流沙河的江畔，赤水的后方，黑水的前方，有座大山名叫昆仑山。有个圣人长着人面虎身，尾巴上布满白斑点，就住在这昆仑山上。还有个仙人戴着玉冠，虎牙豹尾，常居洞穴，名叫西王母。

注释

幽都指阴间都府，也可指山海经中的幽都山，幽都国。出自《山海经》《楚辞·招魂》《尚书·尧典》，《山海经》名山大国。和叔测的历法之地。共工流放之地。

引证解释

《楚辞·招魂》："魂兮归来，君无下此幽都些。"王逸注："幽都，地下后土所治也。地下幽冥，故称幽都。"

《山海经》卷三《北次三经》载："西望幽都之山，浴水出焉，是有大蛇，赤兽白身，其音如牛，见则其邑大旱。"

"北海之内，有山，名曰幽都之山，黑水出焉，其上有玄鸟、玄蛇、玄豹、玄虎、玄狐。有大玄之山，玄丘之民。有大幽之国，有赤胫之民。"（郭璞注：言丘上人物尽黑也，膝以下尽赤色。）

《吕氏春秋·十二纪》中分别以五帝五神和四季、天干、五音五味、五色等五行生克系统相配系。其中五帝五神的相配为：春季，"其帝太皞，其神句芒"。夏季，"其帝炎帝，其神祝融"。季夏，"其帝黄帝，其神后土"。秋季，"其帝少皞，其神蓐收"。冬季，"其帝颛顼，其神玄冥"。春属木，夏属火，季夏属土，秋属金，冬属水。此为五行帝神之相配情形。而五行中的"后土"，亦即是"社"神，两者同为一神。

《淮南子·地形训》曰："昆仑之丘，或上倍之，是谓悬圃，掘昆仑虚以下地，中有增城九重。"

周易坤卦初六爻详解

初六爻辞

初六。履霜，坚冰至。

象曰：履霜坚冰，阴始凝也。驯致其道，至坚冰也。

古天文星象学提示

《月令》曰："季秋行冬令，则土地分裂。"

《海中占》曰："主好听谗言，废置大臣，女子为政，刑法诛杀不以道理，则地坼。"

白话文解释

初六：时令刚踩踏着薄霜进入秋季时，水面就冻结成了坚厚的冰层，这预示着大地将会开裂。

《象辞》说：时令刚采踏着薄霜进入秋季时，水面就冻结成了坚厚的冰层，这是阴气凝结致使秋季行了冬令。如果君主听信谗言，废置大臣，用小人为政，刑法严酷而不讲道理，那么大地也会开裂，如同秋季的水面出现冬天坚厚的冰层一样。

注释

驯，顺从。这里指君主顺从小人，顺从佞臣。

周易坤卦六二爻辞详解

六二爻辞

六二。直，方，大，不习无不利。

象曰：六二之动，直以方也；不习无不利，地道光也。

白话文解释

六二：直，一直，连续不断。方，方通放，指释放压力而震动。大，范围广。

这里描述的是地震的情况，因为阴气运行在阳气之上形成了地震。君主应该辞退强势专权的大臣，诛杀大过失职的罪人，免除亲信的职务，也就没有什么不利的事发生了。

《象辞》说：六二的爻象是大地在连续不断地释放压力而震动。观此爻象，君主只有不去亲信近戚、佞臣，才会没有什么不利的事发生，因为地道具有广大无边的力量。

古天文星象学提示

《保乾图》曰："地动，下逆，无阳自烛，则退强臣，诛大过，免近戚。"

《运斗枢》曰："地之动，乱并挈，君臣蹶施（宋均曰：蹶，动也；施，放纵之也。）阴喧哗。"又曰："地震之异，阴倍主。"

《左传》曰："地者，阴也。法当安静。今乃越阴之职，专阳之政，故应以震动。"

《潜潭巴》曰："地动摇，臣下谋上。"

《运斗枢》曰："后族专权，地动摇宫。"

《春秋公羊传》曰："臣专政，阴而行阳，故地震。"

《谷梁》曰："地动，大臣盛，将动有变。"（变谓反也）夏氏曰："地动，民不安，摇扰流移。"

刘向《洪范传》曰："地动者，臣不臣也，臣下大贵也。"

董仲舒《对灾异》曰："地者，阴之类也；动者，后宫臣下专主之盛，阳衰，故致疾疫。当制后宫，齐御百宫以救之。"

京房《对灾异》曰："地者，大臣之位，当载安万民，怀藏物类；而动摇者，此不欲为君载安万民，动摇不安，思欲篡杀也。"

注释

习：亲信。

不习无不利：指不亲信佞臣、近戚有利。

周易坤卦六三爻详解

六三爻辞

六三。含章可贞。或从王事，无成有终。

象曰：含章可贞，以时发也；或从王事，知光大也。

古天文星象学提示

班固《白虎通·天地》曰："地者，元气之所生，万物之祖也……万物怀任，交易变化始起。"

《春秋元命苞》曰："地者易也，言养物怀任，交易变化，含吐应节，故其立字，土力于乙者为地。"

又曰："地者易也，从太一，一者为地。"

《太平御览》曰："地加土以力，又加乙者，言奉太乙也。"

《白虎通五行》曰："土无位而道在，故太乙不兴化，人主不任部，地出云起雨以合从天下，勤劳出于地，功名归于天。"

白话文解释

六三：大地孕育万物，适应时节。遵从太一天帝之事，勤劳不居功，而将荣耀归于天帝，有始而有终。

《象辞》说：大地孕育万物，根据时令发展，遵从太一天帝之事，是知道使天帝的盛德显赫啊！

周易坤卦六四爻详解

六四爻辞

六四。括囊，无咎，无誉。

象曰：括囊无咎，慎不害也。

古天文星象学提示

《五行传》曰："地陷者，臣下专政，人民分离，君失其地。"

《地镜》曰："春地陷，有大水，鱼行人道。夏陷，兵起，国分，有非常水。秋陷，有大兵。冬陷，有兵、水。"

白话文解释

六四：地陷，将会出现大水，兵祸，下臣专权，君主失压，人民分离的现象，这也没有什么好指责的，也没有什么好幸灾乐祸的。

《象辞》说：地陷的状况发生，对君主来说没有什么大不了的，只有谨慎执政才没有祸害。

注释

囊：大穴。大洞。

括：阻滞；闭塞。

周易坤卦六五爻详解

六五爻辞

六五。黄裳，元吉。

象曰：黄裳元吉，文在中也。

古天文星象学提示

《汉志》曰："黄者中之色，钟者种也，地之中数六。六为律，律有形有色，色上黄，五色莫盛焉。故阳气施种于黄泉。孳萌万物，为六气元也，以黄色名元气。律者箸宫声也。"

《太平御览》曰："大帝冠五彩，衣青衣，黑下裳，抱日月，日在上，月在下，黄色正方居日间，名曰五光。"

又曰："正黄而名之五光者，盖以黄为质，而众彩就饰之，故曰五光。此大帝人像。"

白话文解释

六五：黄色居于太阳中间，散发出五彩光芒，对应了大地的中气。黄色就是元气的颜色，名叫五光。因滋养万物而大吉大利。

《象辞》说：黄色五光大吉大利，因为黄色作为本质在内，众彩在外装饰，所以名为五光。

注释

裳：光明。

周易坤卦上六爻详解

上六爻辞

上六。龙战于野，其血玄黄。

象曰：龙战于野，其道穷也。

古天星象文学提示

《山海经·大荒北经》记载："蚩尤作兵伐黄帝，黄帝乃令应龙攻之冀州之野。应龙蓄水，蚩尤请风伯、雨师纵大风雨。黄帝乃下天女曰魃，雨止，遂杀蚩尤。"

《孔子三朝记》记载："黄帝杀蚩尤于中冀，蚩尤股体身首异处，而其血化为卤，则解之盐池也，因其尸解，故名其地为解。"

《大荒东经》记载："大荒东北隅中，有山名曰凶犁土丘。应龙处南极，杀蚩尤与夸父，不得复上，故下数旱。旱为应龙之状，乃得大雨。"

《大荒北经》记载："应龙已杀蚩尤，又杀夸父，乃去南方处之，故南方多雨。"

白话文解释

上六：蚩尤与黄帝大战中原，黄帝便命令应龙进攻冀州郊外。蚩尤被黄帝所杀，身首异处，其血化成黑黄色的卤水，变成了解地的盐池。

《象辞》应龙因其曾杀蚩尤与夸父，所以不能再返回天庭，天上从此没有了行云作雨之神，下界旱灾连年。于是每逢大旱之时，人们便于地上制作应龙模样的龙，用来求雨水降临。应龙后来去了南方定居，南方便成了雨水较多的地方。

上六变卦的发展方向

上六爻动变成剥卦：山地剥。艮上坤下，剥卦。

第四节　周易剥卦详解

剥卦原文

剥。不利有攸往。

象曰：山附于地，剥。上以厚下，安宅。

古天文星象学提示

《春秋纬》曰："上精为钩陈者，钩陈也，害土，立万物度数；以（阙）陈。"

《黄帝占》曰："钩陈四守，星盛，人君吉昌；不明盛，人君耗。"

白话文解释

剥卦：勾陈，四颗星弯曲，曲折地陈列在紫薇宫。如果他们离去而且不明亮那将有不利的事情发生。

《象辞》说：本卦为艮上坤下，山依附在地上，名叫剥卦，其星象是勾陈四颗星如同小山依附在北极小熊星座上。如果勾陈四星盛大而明亮，君主就会吉祥而昌平。假如勾陈四星不盛明，君主就要厚待子民，使百姓安居乐业。

注释

勾陈，本义是弯曲，曲折之意。《说文》："句，曲也。"段注："凡曲折之物，侈为倨，敛为句。"

勾陈，是指四星或六星的曲折状。陈，布、列。

耗，耗散财物。勾陈星不明，君主就要厚待百姓使他们安居乐业。

剥卦初六爻辞

初六。剥床以足，蔑贞，凶。

象曰：剥床以足，以灭下也。

古天文星象学提示

郗萌曰："钩陈星盛，天子之辅强；小微，即辅弱。

白话文解释

初六：勾陈星是太一天帝的座位，本爻代表最底下一颗星即勾陈四，位于座位的脚部，如果本星小微不明亮，这是凶险之象。

《象辞》说：勾陈四变得小微不明亮，预兆君主的辅臣柔弱，辅佐君子的能力有限，执政基础将会损坏毁灭，自然就会有凶险的情况发生，而且还会逐渐扩展波及上面。

注释

蔑：细小；轻微。

视日月而知众星之蔑也。——扬雄《法言·学行》

剥卦六二爻辞

六二。剥床以辨，蔑贞，凶。

象曰：剥床以辨，未有与也。

古天文星象学提示

石申曰："钩陈星，欲其光明耀美，天子左右强；若细色黑，左右弱。"

白话文解释

六二：本爻代表星勾陈三，位置在太一座位的膝盖处，如果勾陈三变得又黑又细小的话，君主左膀右臂的文武大臣将会衰弱，这是凶险之象。

《象辞》说：如果勾陈三变得又黑又细小的话，君主左膀右臂的文武大臣将会衰弱，这是自毁辅佐，从来没有过的事情啊！

注释

"辨"通"骗"，骗，是膝盖的意思。在人体部位中正好是居于足之上，身之下，象征着上下之"辨"。

膝头曰骗。——《尔雅·释名》

东汉郑玄也说："足上称辨，谓近膝之下。"王弼也说："辨者，足之上也。"王引之《经义述闻》更是直接就指出"辨"与"蹁"相通。

《史记·五帝纪》中"辨于群神"，《尚书·舜典》作"徧于群神"，可知辨与徧相通。徧又与蹁通，《集韵》：蹁或作徧。

剥卦六三爻辞

六三。剥之，无咎。

象曰：剥之无咎，失上下也。

古天文星象学解释

巫咸曰："钩陈，天子护陈将军，水宫也。"

《荆州占》曰："钩陈，天子大司马。钩陈者，黄龙之位也。"

白话文解释

六三：本爻代表勾陈二，是君主的护卫将军，也是黄龙的座位，预兆着没有什么灾祸。

《象辞》说：黄龙之位，也就没有君臣上下地位尊卑的了。

剥卦六四爻辞

六四。剥床以肤，凶。

象曰：剥床以肤，切近灾也。

古天文星象学解释

郗萌曰："钩陈星去，不见，女主恶之。"

郗萌又曰："四辅去，君臣失礼，辅臣有诛者。"

白话文解释

六四：钩陈四星都远离而去，也看不见了，预兆君臣失礼，有罪的辅臣将会被诛杀，这是凶险之象。

《象辞》说：钩陈四星都远离而去，也看不见了，预兆君臣失礼，有罪的辅臣将会被诛杀，灾祸就近在眼前啊！

注释

肤：音脀。与旅同。《前汉·叙传》大夫胪岱。注：郑氏曰：胪岱，季氏旅于泰山是也。师古曰：旅，陈也，胪亦陈也。胪旅声相近，其义一耳。

剥卦六五爻辞

六五。贯鱼，以宫人宠，无不利。

象曰：以宫人宠，终无尤也。

古天文星象学提示

《乐什图》曰："钩陈，后宫也。"

《合诚图》曰："钩陈，大帝之正妃也；大帝之常居也。"

司马迁《天官书》曰："后勾四星；末大星，正妃；余三星，后宫之属。"

《荆州占》曰："钩陈四守，太一之所妃也。"

白话文解释

六五：本爻代表勾陈一，最末的一颗大星，是太一天帝的正妃，余下三颗星是鱼贯而入的后宫佳丽。宫女们依次受到君主宠爱，无所不利。

《象辞》说：宫女依次受到君主宠爱，秩序不乱，厚薄均匀，因而终无忧患。

剥卦上九爻辞

上九。硕果不食，君子得舆，小人剥庐。

象曰：君子得舆，民所载也；小人剥庐，终不可用也。

古天文星象学解释

《荆州占》曰："主不用谏，佞人在位，则钩陈星不明。"

白话文解释

上九：本爻为一阳爻，象征硕果仅存。

如果钩陈星不明亮，君主就不会采纳合理的建议及谏言，反而重用佞臣让小人分到了房舍。君主这样做如同没有吃掉仅存硕果一样。

《象辞》说：君主得到的舆论和舆情，是群众的意见和态度啊！佞臣得到的房舍，最终是不可用的啊！意思是要君主观此爻象，亲贤臣远小人，小人终不可用。

注释

舆：舆论，舆情，群众的意见和态度。

第五节 周易复卦详解

复卦原文

复。亨。出入无疾，朋来无咎。反复其道，七日来复，利有攸往。

象曰：雷在地中，复。先王以至日闭关，商旅不行，后不省方。

白话文解释（太阴居地下）

复卦：太阴运行通达。太阳为德，月亮和五星是刑，这些朋友到来没有害处。

刑德与天地并心同力，随阴阳二气自由出入；刑德与生气和杀气同力，随生杀二气自由出入；刑德与兴衰同处，随冬夏自由出入。刑德在冬至、夏至、春分、秋分这样的子午经道和卯酉纬道上反复运行，在二至二分上每次停留七天。太阴的运行是很有益处的。

《象辞》说：本卦上卦为坤为地，下卦为震为雷，地雷复，太阴与阳气在地中，这是复卦的卦象。先王观此卦象，取法于太阴，在冬至之日关闭城门，不接纳商旅众客往来，君王也不去四周巡狩邦国。

古天文星象学提示

《北大汉简·节》曰："德在室，室不可毁也，诸室事不可动也。釜、甑毁者，家有毁，以人随之。有盗室中者，盗报有殃。

毋向室以兵，不可塞污壑、井、窨。动屋，父当之；动壁，母当之；凿向、为户牖之事者，子当之。利以受取，不可出谢，以是受罪者，毋伤也。燔其席荐，有去人，女子出，男子随之。不可鬻室宅器。"

《淮南子·天文训》曰："万物闭藏，蛰虫首穴，故曰德在室。"

《太平经》曰："故十一月大德在初九，居地下，德时在室中，故内有气，万物归之也。时刑在上六，在四方远野，故外无气而清也，外空万物，士众皆归，王德随之入黄泉之下。"

《太平经》曰："故德者与天并心同力，故阳出亦出，阳入亦入；刑与地并力同心，故阴出亦出，阴入亦入。德者与生气同力，故生气出亦出，入亦入；刑与杀气同力，故杀气出亦出，入亦入。德与天上行同列，刑与地下行同列。德常与实者同处，刑与空无物同处。德常与兴同处，故外兴则出，内兴则入，故冬入夏出。刑与衰死气同处，故冬出而夏入。"

《马王堆刑德乙篇》曰："德始生甲；太阴始生子；刑始生水，水，子；故曰：刑德始于甲子。

刑德之岁徙也，必以日至之后七日之子、午、卯、酉。德之徙也，子若午；刑之徙也，卯若酉。"

《汉书天文志》曰："日东行星西转，冬至昏奎八度中，夏至氐十三度中，春分柳一度中，秋分牵牛三度七分中。此其正行七日。"

《淮南子·天文训》曰："日冬至子、午，夏至卯、酉。冬至加三日，则夏至之日也。岁迁六日，终而复始。"

注释

"岁迁六日，七日来复，终而复始。"

指前三后四，指冬至前三天，冬至后四天。（冬至、夏至、春分、秋分各 1 天）

日为德，辰为刑。辰：月与五星。

周易复卦初九爻辞

初九。不远复，无祗悔，元吉。

象曰：不远之复，以修身也。

古天文星象学提示

《太平经》曰："十二月德在九二之时，在丑，居土之中，而未出达，时德在明堂，万物随德而上，未敢出见，上有刑也。"

《北大汉简·节》曰："德在堂，堂不可动也，藩垣不可坏也，丘陵不可隳也。利以飨人客，利塞下、填污壑，不可鼓柱。"

《太平经》云："十月刑在上六，亥，时刑及六远八境，四野万物扰扰之属莫不入藏逃，随德行到于明堂，跂行自怀居内，野外空无士众，是非好用刑罚者见从去邪哉？但心意欲内怀以刑，治其士众，辄日为其衰少也。"

白话文解释

初九：太阴此时居土中，未出达，不外出很远。太阴未敢出见上面的刑，大吉大利。

《象辞》说：观察到太阴星不外出很远，君主勤勉用心力修炼自己，身怀绝技而不显露。

注释

悔：悔通晦。刑晦德明。

复卦六二爻辞

六二。休复，吉。

象曰：休复之吉，以下仁也。

古天文星象学提示

《太平经》云："正月寅，德在九三，万物莫不随盛德乐窥于天地而生，时德居庭。"

《北大汉简·节》曰："德在庭，庭及宫不可动也。利为堂门，利以见客、受爵禄。以亡于堂，后世昌。"

白话文解释

六二：太阴喜悦而行，吉利。

《象辞》说：喜悦而行之所以吉利，是能够观察天地创生万物的仁义啊！

注释

休：喜悦的，欢乐的。

为晋休戚。——《国语·周语》。注："喜也。"

既见君子，我心则休。——《诗·小雅·菁菁者莪》

又如：休戚（欣悦与忧患）。

复卦六三爻辞

六三。频复，厉，无咎。

象曰：频复之厉，义无咎也。

古天文星象学提示

《太平经》曰："二月德在九四，在卯，巳去地，未及天，谪在界上，德在门，故万物悉乐出窥于门也。"

《北大汉简·节》曰："德在门，门闾库厩不可动也。其入也，修宫庭，利为间事、正封疆。其出也，利为阳事，不可昼闭门，必有凶客。"

八月刑在六四，酉时，上未及天界，时德在门，万物俱乐，窥于门乐人，随德而还反也。

二月八月，德与刑相半，故万物半伤于寒。夫刑日伤杀厌畏之，而不得众力。古者圣人威人以道德、不以筋力刑罚也。

白话文解释

六三：太阴已经升到了地平线，德与刑相伴而行，刑随德返还，万物半伤于寒，没有灾祸。

《象辞》说：德与刑相伴而行，使万物半伤于寒的严酷，是没有灾祸的。

注释

频：并列，是指刑德合门并行。

复卦六四爻辞

六四。中行独复。

象曰：中行独复，以从道也。

古天文星象学提示

《太平经》曰："三月盛德在九五，辰上及天之中，盛德时在外道巷，故万物皆出居外也。"又："七月刑在六三，申之时，刑在庭，万物未敢入，固固乐居外。"

《北大汉简·节》曰："德在阁，阁不可塞正也，树不可伐，巷狗不可战也。其入也，利修门闾，出□□高藩。"

白话文解释

六四：太阴已经升到了天之中，德在道巷，刑在庭，万物皆出居外，只有太阴独自而行。

《象辞》说：太阴独自升到天之中，这是坚持自己的正道。

注释

中行：上升到天之中。独：指独自一个。

复卦六五爻辞

六五。敦复，无悔。

象曰：敦复无悔，中以自考也。

古天文星象学提示

《太平经》曰："四月巳，德在上九，到于六远八境，盛德八方，善气阳气莫不响应相生，扰扰之属，去内室之野处，时刑在万物之根，居内室，故下空无物，而上茂盛也，莫不乐从德而为治也，是治以德之大明效也。

德在术，术不可变也，渎树不可伐也，术桥不可废也。其入也，利修阁里之事，其出也，利野外之事。

六月刑居六二，在未，居土之中，未出达也，时刑在堂，时刑气在内，德气在外，扰扰之属莫不乐露其身，归盛德者也。"

白话文解释

六五：太阴专心且刻苦上升到了六远八境的地方，德在八方，刑在堂。可以无悔。

《象辞》说：太阴专心且刻苦地上升到六远八境，可以无悔，意思是从内心用正道反省自己。

注释

敦，勤勉，专心且刻苦地完成任务。

复卦上六爻辞

上六。迷复，凶，有灾眚。用行师，终有大败，以其国君凶，至于十年不克征。

象曰：迷复之凶，反君道也。

古天文星象学提示

《淮南子天文训诂》曰："阳气极，则南至南极，上至朱天，故不可以夷丘上屋，万物蕃息，五谷兆长，故曰德在野。"

　　《北大汉简·节》曰："德在野，野物不可暴也，野树木不可伐也。农夫毋休御、灰罶菆菅、弋猎罗网，毋操斧钺入山林中，毋罪田吏，毋垫人田山林中，有殃。歌田者报有喜，哭田者报有殃。利以远行、亲诸侯。弓弩不张，毋取鷇卵胎夭。凡其出也，利为阳事，其入也，利为阴事。凡其前，利有修也，其后，利有毁去也，其处，利有敬也，为善事。"

　　《太平经》曰："五月刑在初六，在午，地下，下内清无气，地下空，时刑在室中，内无物，皆居外。"

白话文解释

　　上六：太阴即哈雷彗星，它的公转周期每年都不同，出现偏心率的变化，就像迷途难返一样，这是凶兆。有灾祸。利用它来指导用兵征战的话，将有大败，也会连累国君遭遇凶险，国家元气大伤，十年后还不能再举征伐。

　　《象辞》说：因迷途难返而遭受凶险，这是由于君王违反君道所引起的。

注释

　　迷，《韩非子·解老》解释为："凡夫失其所欲之路，而妄行之，则为迷。"

　　四野，四方的原野。

第六节　周易观卦详解

观卦原文

观。盥而不荐，有孚颙若。

象曰：风行地上，观。先王以省方，观民设教。

白话文解释

观卦：君王举行灌祭礼仪而没有进献，这是太白金星逆行、扬芒、变色，预兆的情形。

《象辞》说：本卦巽上坤下，巽为风，坤为地，风行大地化成万物，这是观的卦象。先王观此卦象取法于八风化物，从而巡狩四方邦国，体察民情民风，设立教化。

古天文星象学提示

刘向《洪范》曰："好战功，轻百姓，饰城郭，侵边境，是谓不艾；厥极忧，时生蟊，则太白变色，逆行。"

郗萌曰："太白逆行，变色；简宗庙，废祷祀，去祭祀，逆天行。"

《荆州占》曰："太白逆行，失常，有兵革。"又占曰："王者失于秋政，则太白逆行，变色，扬芒，与他星含斗，环绕犯乘，变为妖星，彗扫其害庭，国破主死，天下皆兵，王者修德赦罪，存孤恤寡，薄赋省徭，可得无咎。"

《文子·精诚》："春政不失，禾黍滋；夏政不失，雨降时；秋政不失，民殷昌；冬政不失，国家宁康。"

注释

荐：进献，祭献。

盟：祭名。灌祭。酌酒浇地降神。如：盟事（古代灌祭礼仪）；盟献（灌祭进献）；盟馈（谓侍奉尊者盟洗及进膳食）。

孚：通"荸"，草木种子分裂发芽。即芒，这里指太白金星的芒角。

顒：形容大的样子。

观卦初六爻辞

初六。童观，小人无咎，君子吝。

象曰：初六童观，小人道也。

白话文解释

初六：当金星在夏季最末阶段光亮呈黄白色，没有芒角。预示将军权倾天下，越权谋划君王所行之事，这对将军来说没有大碍，但对于君王来说将会酿成大错。

《象辞》说：初六爻辞代表金星没有芒角时的预兆，这正是小人们的思想特征和行为方式。

古天文星象学提示

《荆州占》曰："太白之相也，从季夏至夏尽，及四季王时，其色黄白，精明无芒。"

甘德曰："当其相也而有王色，主弱将强。当其王也，而有相色，主弱；将权势纵横天下，有谋专行君事。"

注释

童：本意为牛羊等未生角或无角，这里指金星没有芒角。

观卦六二爻辞

六二。窥观，利女贞。

象曰：窥观女贞，亦可丑也。

白话文解释

六二：金星逆行，预兆君主好信谗言，废忠直之臣，这有利于女子当权执政。

《象辞》说：金星逆行预兆女子当权执政，也是属于可厌恶的事啊。

古天文星象学提示

《海中占》曰："主好听谗，废直大臣，女子为政，刑法诛杀，不以道理；则太白逆行，天鸣地坼，岁多暴风，大水，庶民负子而逃，孕多死，麦豆不收。"

刘向《洪范》曰："好战功，轻百姓，饰城郭，侵边境，是谓不艾；厥极忧，时生蝨，则太白变色，逆行。"

注释

丑：可厌恶的，可耻的，不光荣的。如跳梁小丑。

贞：正，即政。这里指执政。

窥：同跬，半步也。这里是逆行的意思。

六三爻辞

六三，观我生，进退。

象曰：观我生进退，未失道也。

古天文星象学提示

石申曰："日方南，太白居其南；日方北，太白居其北，曰盈；候王不宁，用兵进，吉；退，凶。日方南，太白居其北；日方北，太白居其南，曰缩；候王忧，用兵退，吉；进，凶；迟，吉；疾，凶。"

（日方南谓夏至后也，日方北谓冬至后也。）

《元命包》曰："太白赢，则将相谋；太白缩，则后族患；圆而不行，我侍为君。"

白话文译释

六三爻：君王观察太白金星的迟疾运动，决定用兵的进攻和退守。夏至后，当金星居留在太阳南方时，冬至后，金星居在太阳的北方，这是金星运行疾速，预示君王不得安宁，用兵时进攻为吉利，退守就有凶险。夏至后，金星居留在太阳北方时，冬至后，金星居在太阳的南方，这是金星运行迟缓，预示君王有忧虑，这时用兵退守就吉利，进攻将有凶险。

《象辞》说：君王观测金星的迟疾运行而决定用兵的进攻和退守，是没有丢失用兵之道啊！

注释

我，指太白金星。

生，《说文解字》解为："进也。象草木生出土上。"这里指迟疾运行。

观卦六四爻辞

六四。观国之光，利用宾于王。

象曰：观国之光，尚宾也。

白话文解释

六四：金星当值方位的邦国有德，预示该国容易取得战争胜利，败国可以臣服于君王。

《象辞》说：金星当值来预示战争胜利，败国是可以臣服归顺的。

古天文星象学提示

班固《天文志》曰："太白所直之辰，其国为得位；得位者，战胜；所有之辰，顺其色，白角者胜；其色害者，败。"

晋灼曰："郑色黄而赤，苍小败，宋色黄而赤，黑小败，楚色赤，黑小败；燕色黑，黄小败；皆大角胜。"

《荆州占》曰："太白所抵之国，凶。"石氏曰："太白不见，不宜出军；若有客来挑，军可应；先动，破军杀将，必有积尸。太白出所直之辰，从其色而角，胜；其色害者，败。太白所直之辰，其直之者，国为得位，得位者，战胜。"

注释

国：邦国。

光：金星当值散发的光辉。

宾：臣服，归顺。

观卦九五爻辞

九五。观我生，君子无咎。

象曰：观我生，观民也。

白话文解释

九五：金星自己生出禾状白色气，预兆金星当值方位的邦国将有大风大雾，伤害五谷生长且歉收，妇女儿童也会有伤害，君王可以无过错。

《象辞》说：金星自己生出禾状白色气所预兆的情景，主要是针对人民百姓的。

古天文星象学提示

《黄帝占》曰："太白生为气而白穰，明日大风，发屋折木，道上无厌，不出五日，粟大贵五倍，不出年中，有兵；岁多大雾，伤五谷，妇人多灾伤其子者，不过十月而止。"

《黄帝占》曰："太白生穰，气长三丈；若六丈，大风雨，兵起，所指处，天下民主俱惊。"

郗萌曰："太白出彗西南维，中国民受兵、亡地，不出二年。"

注释

我：自己。

生：生长。

观卦上九爻辞

上九。观其生，君子无咎。

象曰：观其生，志未平也。

白话文解释

上九：金星运行到箕宿，预兆有战争发生，敌军来攻，君王亲自守卫，没有过失。

《象辞》说：金星运行到箕宿所预兆的情景，是君王所讨厌的。

古天文星象学提示

《荆州占》曰："太白入箕中，人主自备，下有兵。"

《黄帝占》曰："太白守箕，大人卫守。"

《海中占》曰："太白守箕，天下有兵；若角动，天下无所定。"

郗萌曰："太白守箕，岁水，万物不成，籴贵，德令不行。"

《东官候》曰："太白守箕，兵起；一岁，国增地，必得国。"

郗萌曰："提箕出入，人君恶之，一曰更政。太白与荧惑相随而变，荧惑舍天门，凶；太白舍天津中，人主无出门，若之远宫。"

注释

其：与"箕"为通假字。这里指箕宿，东方七宿之一。

生：出现。

第七节　周易谦卦详解

谦卦原文

谦。亨，君子有终。

象曰：地中有山，谦。君子以裒多益寡，称物平施。

古天文星象学提示

石申说："轩辕星，王后以下所居宫也，一曰帝南宫，中央土神。"

郗萌说："轩辕，女主之廷也，一名天柱。"

《诗推度灾》记载："黄龙在内，正土职也；一曰陈陵。"

王家台出土的秦简："陵曰，昔者赤乌卜浴，水通而见神为木出焉，是啬。"

白话文解释

谦卦：轩辕星是中央土神，主管土职。

轩辕星又称为陈陵，是土堆起来的小山丘。据《山海·海内经》记载，丘上生长着一种树，叶子呈青色，茎干呈紫色，开黑色的花朵，结黄色的果实，名叫建木，它高达百仞，不长树枝，在顶端有九根弯曲的树枝，在下面有九条盘错的树根，它结的果实像麻的果实，叶子则与芒叶相似，太昊（伏羲）曾经就是凭借建木（神木）登上了天，这种树是由黄帝亲自种植的。君王观此卦象，要完成先祖轩辕黄帝的大业。

《象辞》说：上卦坤为地为土，下卦艮为山，陈陵是土堆起来的小山丘。谦卦也可称为陈陵，即轩辕丘。君王观此卦象，要仿效轩辕黄帝的"蓄而正之，均而平之"的治国理念，裁取多余的，增益缺乏的，衡量财物的多寡而公平施予。这样就能民富国强。

注释

终：完成。

称：权衡。

初六爻辞

初六。谦谦君子，用涉大川，吉。

象曰：谦谦君子，卑以自牧也。

古天文星象学提示

《黄帝占》说："轩辕十七星，主后妃黄龙之体，以应主。"

石申说："轩辕星如其故，色黄而润泽，则天下和，年大丰。"

《礼纬含文嘉》记载："诸舅有仪，则轩辕东西角大张。"

白话文解释

初六：有仪为谦谦君子之貌，十七颗轩辕星东西绵延不断，角大张如龙舟，可以用来涉渡大江大河，是再好不过的事了。

《象辞》说：君王看到轩辕星的颜色黄而润泽依旧，如同谦让的君子，就从谦让开始进行自我修养。

六二爻辞

六二。鸣谦，贞吉。

象曰：鸣谦贞吉，中心得也。

天文占星提示

《诗推度灾》说："黄龙在内，正土职也；一曰陈陵，一曰权星，主雷雨之神。"

《山海经·海内东经》记载："曹州泽中有雷神，龙身而人颊，鼓其腹则鸣。"

白话文解释

六二：雷鸣，真正吉祥！轩辕黄帝感北斗七星雷电光而生。大吉大利！

《象辞》说：雷鸣正吉祥！是轩辕黄帝感应雷电出生了，处在中心的位置。

九三爻辞

九三。劳谦君子，有终吉。

象曰：劳谦君子，万民服也。

古天文星象学提示

《诗推度灾》说："黄龙在内，正土职也；一曰陈陵，一曰权星，主雷雨之神。"

白话文解释

九三：劳为坎，为水，指雨神、雨师。

轩辕星，主雷雨之神。轩辕黄帝派雨师在天旱时降雨，吉利。

《象辞》说：黄帝派雨师在天旱时降雨，万民敬服轩辕黄帝。

六四爻辞

六四。无不利，㧑谦。

象曰：无不利，㧑谦，不违则也。

古天文星象学解释

石申说："轩辕屏星去，无君臣之义。"

《孝经（阙）契》记载："轩辕列明，后女争誉。"

白话文解释

六四：轩辕十七星散布排开，闪亮照耀八月的夜空，如一条黄龙腾飞而去，占在君臣的关系，虽无君臣之义，也是没有违规的。占在后宫，佳丽们争宠斗艳，这也很正常，是没有违规的。

注释

㧑，据《说文解字》，是裂开、散布的意思。在这里表明轩辕星散布开来，呈龙蛇形状。

六五爻辞

六五。不富以其邻，利用侵伐，无不利。

象曰：利用侵伐，征不服也。

古天文占星学解释

焦延寿曰："轩辕星动有摇，若相就；皆为后夫人之宗，有死丧，若卑伐尊者。"

白话文解释

六五：当轩辕星一动摇摆时，预示着并不富裕的邻国总是来骚扰侵掠，如卑伐尊者，应该对之讨伐，无所不利。

《象辞》说：此卦象显示有利于征战讨伐敌国，因为是征讨不服从王命的人。

上六爻辞

上六。鸣谦，利用行师，征邑国。

象曰：鸣谦，志未得也；可用行师，征邑国也。

古天文占星学提示

《荆州占》说："轩辕欲小，小，黄明也。"

石申说："轩辕星如其故，色黄而润泽，则天下和，年大丰。"

白话文解释

上六：轩辕星明亮，颜色黄而润泽，预示丰收年，因粮草充沛，可以出兵征伐邑国自然获胜。

《象辞》说：轩辕星明亮，颜色黄而润泽，丰收年景，如果不能感化邑国，就可以出兵征讨他们。

注释

鸣：假借为"明"，明亮。

第八节　周易师卦详解

师卦原文

师。贞，丈人吉，无咎。

象曰：地中有水，师。君子以容民畜众。

古天文星象学的资讯

石申曰："参十星十度，春夏为水，秋冬为土。故地水构成师卦。代表春夏秋冬一年四季。"

《夏小正》曰："正月，鞠则见，初昏参中。"

张守节《史记正义》曰："老人一星，在弧南，一曰南极，为人主占寿命延长之应。常以秋分之曙见于景，春分之夕见于丁。见，国长命，故谓之寿昌，天下安宁；不见，人主忧也。"

《黄帝占》曰："参应七将也，中央三小星，曰伐，天之都尉也，主胡、鲜卑、戎、狄之国，故不欲其明也。"

《西官候》曰："参左大星，左将军也；右大星，右将军也；中央三星，三将军；又三小星，小将军也。"

《圣洽符》曰："参伐者，衣冠衡石，天子之师也。"

白话文解释

师卦：正月里，南极老人星出现了，同时在南方黄昏的上空，可以看到参宿。预示国家繁荣昌盛，天下安宁。

《象辞》说：下卦坎为水，为春夏，为兵；上卦坤为土，为秋冬，为民，从下往上代表一年四季。这师卦就是参宿的天象。君主观察参宿天象，敬授民时，聚集人民和颐养大众，平时为民，战时为兵。

师卦的基本含义

贞为正，这里指正月。丈人，也称为老人，指鞠星，即老人星。参宿七星应七将，伐星是天子都尉即小将军。参伐组成天子之师。

《孙子兵法》说："兵形象水，水之形，避高而趋下，兵之形，避实而击虚。"

意思是说，用兵的规律像水的流动，水避开高处而向低处奔流，用兵的规律是避开敌军的主力或者防守牢固之处，而攻击其薄弱的地方。

孙子说："夫地形者，兵之助也。"

他告诉我们，如果能拥有地形的优势，可以给用兵提供巨大的帮助。古语有天时不如地利，得地利易胜，可见地利重要性。

古语又有地利不如人和，说明决定战争胜负的是人民，万众一心，团结一致，众志成城。所以，君主应该团结人民，依靠人民，才能战无不胜，攻无不克。

周易师卦初六爻辞详解

初六爻辞

师出以律，否臧凶。

象曰：师出以律，失律凶也。

古天文星象学提示

《圣洽符》曰："参者，白虎宿也；足入井中，名曰滔足，虎不得动，天下无兵；足出井外，虎得放逸，纵暴为害，天下兵起。"

白话文译释

白虎参宿本性有怒气，左足下是井星，并陷入了井星之中。井星是用来节制其欲动之势的，这样天下战祸不会生起。

《象辞》说：白虎参宿足出井星之外，井星节制不住它了，如同放虎归山，虎将施暴为害人民，天下将发生战祸。这是凶兆。

周易师卦九二爻辞详解

九二爻辞

在师中，吉无咎，王三锡命。

象曰：在师中吉，承天宠也。王三锡命，怀万邦也。

古天文星象学提示

《西官候》曰："中央三星，三将军；又三小星，小将军也；主胡、鲜卑、越野诸君王也，其星动摇，兵起。"

《黄帝占》曰："参应七将也，中央三小星，曰伐，天之都尉也，主胡、鲜卑、戎、狄之国，故不欲其明也。"

白话文译释

在参宿中央的三颗星，称之为三将军，天王太一授权他们主掌胡、鲜卑、越野诸君王的命运。如果他们星体不动摇，天下就不会发生战争。这是吉祥如意的预兆。

《象辞》说：在参宿中央的三将军，吉祥如意，是承受着太一天帝的恩宠，君主观此卦象，为边疆诸君王三授职、服、位，用来感化万国臣服。

周易师卦六三爻辞详解

六三爻辞

师或舆尸，凶。

象曰：师或舆尸，大无功也。

古天文星象学提示

郗萌曰："弧射狼，误中参左肩，舆尸于鬼；鬼之言归也。"

《南官候》曰："舆鬼，一名天铁锧；一名天讼；主察奸，天目也。"

《孝经章句》曰："舆鬼为夏狱；又曰天金玉府也；又名天匮、天圹；其星明，则兵起而战，不用节；无兵，兵虽在外，不战。"

《元命苞》曰："参，东北星曰左肩，主左将军。"

《彗星要占》曰："参者，天之市也；伐者，天之都尉也；天之车骑也；与狼狐同精，天之候蜀也；主南夷戎之国。"

《黄帝占》曰："参星，左肩左足，左将也，茂明芒角，又张亦耀横射，三军骇动，帝自躬甲。"

白话文译释

参宿的东北星明亮生出芒角，其光芒横射照耀到鬼宿的舆尸星，预兆边疆南夷戎之国发兵攻城略地，三军骇然而动，君王将亲自挂帅出征，这是很凶险的。

《象辞》说：参宿的光芒横射到舆尸星，因边疆战祸生起，君王挂帅亲征，但是没有大的战功。

注释

或：域，这里指参宿与鬼宿（舆尸星）同一片光域。

舆尸：属鬼宿，与井宿相邻。

周易师卦六四爻辞详解

六四爻辞

师左次，无咎。

象曰：左次无咎，未失常也。

古天文星象学提示

郗萌曰："参星移，名曰失天，客伐主人。参左股亡，则东方、南方不可举兵。"

白话文译释

当参宿的东北星移动，在国家的东方、南方不用发兵，是没有什么灾祸的。

《象辞》说：参宿的东北星移动，在国家的东方、南方不用发兵，是没有什么灾祸的，这是正常现象。

注释

次：《说文解字》解：星之躔舍为次。《礼记·月令》：日穷于次。次，舍也。

周易师卦六五爻辞详解

六五爻辞

田有禽，利执言，无咎。长子帅师，弟子舆尸，贞凶。

象曰：长子帅师，以中行也。弟子舆尸，使不当也。

古天文星象学提示

《黄帝占》曰：　"参应七将也，中央小三星曰伐，天之都尉也。"

郗萌曰："参星明者，大将执势，夺去威权，天下变易。伐三星不欲明，明与参等者，天下大臣皆谋去其君，是谓不理。"

又曰"参伐星明大，则斩杀行。伐星大则兵起。"

白话文译释

参星和伐星变得又大又明亮，预兆国家有叛乱生事的兵变，如同田野中来了野兽，这些是出师讨伐的正当理由，应该把这些理由与众人说清楚，属于出师有名，这样是没有灾难。如果参星明亮，大将执势，如长子挂帅，一旦被夺走威信和权力，那么天下就易生变。如果伐星弟子明亮，光芒横射鬼宿舆尸星，预示天下大臣都想离开其君王，这叫不理，是凶兆。

《象辞》说：参宿中央三星在移动，如同长子统帅军队，小三星伐星为弟子，光芒横射鬼宿舆尸星，是不适当的现象。

周易师卦上六详解

上六爻辞

上六。大君有命，开国承家，小人勿用。

象曰：大君有命，以正功也；小人勿用，必乱邦也。

古天文星象学提示

《玉历》曰："参中央星主命，左星主左司马，右星主右司马。"

石申曰："参星失其色，其军散败，磋跌不常，王臣不忠，外其心。"

白话文译释

上六：参宿中央星主执掌军队，执行太一天帝的命令，君王观此天象，运用军队，开创国家，继承家业。如果参星出现蹉跎不正常现象，预示君主身边出现有外心不忠的小人，这是不能重用的。

《象辞》说：君王运用军队来建立功勋，不要重用有外心不忠的小人，因为小人必定祸国乱邦。

第九节　周易屯卦详解

屯卦原文

屯。元，亨，利，贞。勿用，有攸往，利建侯。

象曰：云，雷，屯；君子以经纶。

古天文星象学提示

《尚书纬》曰："气在初夏，其纪荧惑，是谓发气之阳，可以毁消金铜，与气同光，使民备火，皆清室堂，是谓敬天之明，必勿行武，与季夏相辅，初是夏之时衣赤，与季夏同期。如是则荧惑顺行，甘雨时矣。"

《马王堆五星占》曰："荧惑主司天乐，淫于正音者，加之殃，其咎。"

《荆州占》曰："荧惑，天一候者，司万物之变。"

班固《天文志》曰："荧惑天子理也。故曰：虽有明天子，必视荧惑所在。"

郗萌曰："荧惑为司马。"

韩杨曰："荧惑之为言；荧惑以像谗贼，进退无常，不可为极。"

韩杨曰："荧惑，火行之星，其理也，主诸侯。"

《吕氏春秋·孟夏纪》曰："天子居明堂左个，乘朱辂，驾赤骝，载赤旂，衣赤衣，服赤玉。"

白话文解释

荧惑火星纪初夏之气，主管万物的变化和发展，司掌天乐以为和，主职天子的正义之理。因为荧惑火星进退无常，所以不能用作标准，也不能用兵征伐别的国家。荧惑火星顺行时，天降甘雨，地得润泽，有利于封国封侯。

《象辞》说：屯的上卦为坎，坎为云，下卦为震，震为雷。神丰隆，为云师，为雷公，云雷屯卦是丰隆神的象征。而丰隆又是荧惑火星之神。所以，屯卦为荧惑火星。君主应该刚柔并济地治理国家。

元为始，为初夏。荧惑火星纪初夏之气，主发气之阳，从天象上来看，每年五月立夏后，荧惑火星见于南方天空，正当夏气交令，地面上呈现一片炎热，夏天就这样开始了。

亨为通。荧惑与天一星（太阴星）是候星，相会合周期为十年，主管天下万物的变化。俗话说，穷则变，变则通。荧惑主管亨通，发达。

利为和。荧惑司掌天乐，主管正音，这纯正标准的音乐就称为和音。

贞为正。荧惑主管天子义理，理为正，正义。

在这初夏，君主使民备火，清洁房室礼堂，尊敬上天的光明之气，是不能用兵征伐的。这期间，君主要穿赤红色的衣服，佩戴红色的玉，驾赤色的马，乘坐朱红色的车，这样，荧惑火星就会顺行，天降甘雨，有利于封侯建国。

注释

理：正。《左传·成二年》先王疆理天下。

极，中，标准。不可为极，不可用做标准。

屯卦初九爻辞

初九。盘桓，利居贞，利建侯。

象曰：虽盘桓，志行正也；以贵下贱，大得民也。

古天文星象学提示

《荆州占》曰："荧惑居东，为悬息；西方，为天理；南方，为荧惑；其行无常，司无道之国。”

石申曰： “荧惑者，天子之礼也，东西南北无有常，五月而出。”

巫咸曰： “荧惑休入常不得过五月而出，远八月而出，受制则举贤良，赏有功，主封侯，出财货，行赈贷。”

白话文解释

初九：荧惑火星的运行没有规则，总是流连不前行。一会儿居东方称为悬息，一会儿位西边名叫天理，又忽然待在南方，美其名曰荧惑。只要不过五月，最远不过八月出行，都是正常的。如果受到荧惑火星制约被动的话，君主就要求地方举荐有才德的人上来为官，同时奖励有功之臣，封赏诸侯，还要打开仓库，救济百姓。

《象辞》说：荧惑火星虽然流连不前，但是运行都是正常的。如果它运行不正常，君主就得礼贤下士，优待平民百姓，获得人民的拥戴。

屯卦六二爻辞

六二。屯如邅如，乘马班如。匪寇。婚媾，女子贞不字，十年乃字。

象曰：六二之难，乘刚也；十年乃字，反常也。

古天文星象学提示

《荆州占》曰： “荧惑变其常，北行客三舍，名曰贼星，贼星出，贼将起。”

巫咸曰："荧惑者，太白之雄也，五星之伯也，其色赤，胜太白。"

钱塘《淮南天文训补注》曰："太白八岁而出入东西各五，而晨夕各一见伏。此以五百八十四日四十刻为两见日数也。两见四百八十日，余为两伏日。"

《马王堆五星占》曰："太白摄提格以正月与营室晨出东方，五出，为日八岁而复与营室晨出东方。"

《淮南子天文》曰："太白元始，以正月甲寅与荧惑营室晨出东方。"

白话文解释

六二：荧惑火星流连不前，踌躇而行，如同驾着马车原地徘徊，这是荧惑火星北行客居三个星宿，这种行为称为贼星。贼星出现时，天下就有贼将盗寇横行霸道。荧惑火星与太白金星晨出东方在营室的位置，还要出双入对，同进同出，就像与太白金星结婚一样。给女方卜算一下，发现太白金星有五个晨出周期，每隔八年与荧惑火星同营室晨出东方，这是太白金星、荧惑火星的会合周期。这也意味着太白金星要十年才能许嫁。

《象辞》说：六二爻表明荧惑火星运行规律的变化，预示时世艰难，因为处在初九阳爻之上，阴柔上于阳刚，譬如女盛侵男，受到太白金星运行的影响。十年的会合周期，确实是反常现象。

注释

字，女子许嫁。字人，女子嫁人。

屯卦六三爻辞

六三。即鹿无虞，唯入于林中。君子几不如舍。往吝。

象曰：即鹿无虞，以纵禽也。君子舍之，往吝，穷也。

古天文星象学提示

石氏曰："荧惑主忧，主南维，主于火日，主丙丁，主礼，礼失者，罚出荧惑之逆行是也，此失夏政也。以其所守之舍，命其国。"

《荆州占》曰："王者礼义，荧惑不留其国。"

《春秋纬》曰："荧惑主礼成，天意；礼失，则妾为妻，支为嗣，精感类应，则荧惑逆见，变怪。"

韩杨曰："荧惑入列宿，其国有殃。变色失行，所留者亡，所抵有兵。"

白话文解释

六三：荧惑火星主掌礼，王者礼成是天意，荧惑火星不留在王者所管辖的国家，也就没有忧愁。王者如果失礼，就会看到荧惑火星逆行，王者将会逃亡，会有危险。

《象辞》说：王者遵从礼节，没有忧愁，那是因为田猎祀上帝的结果。君主如失礼，将会出逃而穷途末路，充满了危险啊！

注：鹿为礼，禽为天子田猎，田猎有祭祀上帝，求得保佑的意思。

屯卦六四爻辞

六四。乘马班如，求婚媾，往吉，无不利。

象曰：求而往，明也。

古天文星象学提示

巫咸曰："荧惑者，太白之雄也，五星之伯也，其色赤，胜太白。"

石氏曰："荧惑与太白会为铄。"

《荆州占》曰："太白与荧惑遇，是谓金入火。有兵兵罢，无徭役，国安无祸。"

白话文解释

六四：火星与金星相遇，如同驾着马车原地回旋，这是寻求婚姻。放胆前进，必定吉利。

《象辞》说：火星与金星相会，预示国泰民安。

屯卦九五爻辞

九五。屯其膏，小贞吉，大贞凶。

象曰：屯其膏，施未光也。

古天文星象学提示

郗萌曰："主行重赋敛，夺民时，大宫室，高台榭事；则荧惑逆行，霜露肃杀五谷，民多病瘟疫，扰轸。荧惑从北往南，是谓持水入于火，不出三年，国有大丧乱，兵起南方；荧惑妄行，一东一西，一南一北，主有吉凶；赤为兵，白为丧，黄为喜，青为忧，黑为水。"

《扬子太玄经》曰："升降相关，大贞乃通。经则有南有北，纬则有西有东。"

白话文解释

九五：假如君主横征暴敛，强夺百姓财富，又大兴人力修宫殿楼台，那么，荧惑火星就会妄行，一东一西运行还算吉利，一南一北运行，就是凶兆，预示国家将出现大乱，南方会有战乱，这是很危险的。

《象辞》说："苛刻地征收赋税，君主的恩泽没有施及人民，说明所施恩惠不广大。

注释

据《扬子太玄经》解释，小贞，小通，为纬，东西方向。大贞，大通，为经，南北方向。

膏，肥肉。凝固态为脂肪，稀释状为膏油。这里指民脂民膏，比喻人民用血汗换来的财富。

屯卦上六爻辞

上六。乘马班如，泣血涟如。

象曰：泣血涟如，何可长也。

古天文星象学提示

韩杨曰："荧惑常行，其留不行，从宿居入宿又守之，其国当举兵战斗，杀将乱事，家室破残，父子相扶于流亡。"

白话文解释

上六：荧惑火星运行时，停住不移动，当移动到某个星宿位又居之不去，如同乘马流连不前一样，星宿分野的对应的国家就会出现内乱，家园遭到破毁，父子相扶持逃难，悲伤哭泣，泪如血滴。

《象辞》说：父子相扶持逃难，悲伤哭泣，泪如泉涌。荧惑火星运行造成的景况，怎么可能维持长久呢？

第十节　周易鼎卦详解

鼎卦原文

鼎。元吉，亨。

象曰：木上有火，鼎。君子以正位凝命。

古天文星象学提示

《广雅释天篇》曰："辰星谓之灶星。"

《荆州占》曰："辰星一曰句星；一曰鼎星。辰星者，太阴之精，黑帝之子，立冬主北维。"又曰："天子执政，主刑；刑失者，罚出辰星之易是也。辰星主内谋，王者恩宽，赦有罪，轻徭役、赋敛；赈贫穷，调阴阳，和四时，则星效于四仲，天下和平，灾害不生。"

《天官星占》曰："辰星、北方之位，黑帝之子，宰相之象。辰主德，常行四仲。"

《合诚图》曰："辰星主正常。"

巫咸曰："辰星主调和阴阳，节四时，效其万物。辰星修，顺之则喜，逆之则怒。"

石申赞曰："辰星效四时，和阴阳。"

白话文解释

鼎卦：水星是太阴即哈雷彗星的精气所生，秉承太阴这元始古老的吉星，调和阴阳二气，节令春分、秋分、夏至、冬至，常常出现在四个仲星附近，天下和顺，亨通吉祥。

《象辞》说：本卦下卦为巽，巽为木；上卦为离，离为火。木上生火，用鼎烹饪食物，这是《鼎》卦的卦象。从卦象来看，鼎卦上为离为火，下为巽为风木，看似和鼎没有关系，却是鼎起作用的主要因素，有了木与风才能生火，生了火，鼎才具有煮熟食物的巨大用途。

君主观此卦象，要象水星校正四季，确立二分二至节气一样，具备正常之德气，对百姓施宽恩，缓严政，赦有罪，轻徭役，减赋敛，赈贫穷，这样，天下和平，灾害不生。

注释

凝：徐缓。

命：命令，政令。

周易鼎卦初六爻辞详解

初六。鼎颠趾，利出否。得妾以其子，无咎。

象曰：鼎颠趾，未悖也。利出否，以从贵也。

古天文星象学提示

《文耀钩》曰："辰星摩太白，入相倾。"（宗伯曰：摩，谓光相及也；倾，坏败也。）

《马王堆五星占》曰："辰星侧而逆之，利；侧而背之，不利。曰大鋆，是一阴一阳。"

巫咸曰："太白下，为壮公止于山林。"

巫咸曰："太白傍有小星，数寸若尺，期八日，边城有功。"

白话文解释

初六：辰星从侧面迎向太白金星，这种逆行有利的星象如同将鼎倾覆，名为大鋆。辰星光芒覆盖了太白金星和她旁边的小星，好像迎娶了小妾并得了她的儿子一样。这种星象预示边境之城将有战功，会传来捷报。这是好事。

《象辞》说：这种逆行有利的星象如同将鼎倾覆，不是悖乱之举。逆行有利，说明辰星附从尊贵的太一天帝，以建大功。

注释

颠：指颠覆，倾倒。

否：逆。"出否"指逆行。《左传》就说"执事顺成为臧，逆为否。"

摩，谓光相及也。倾，坏败也，倾倒。

鋆，锅，无足之鼎。

贵，尊贵的太一天帝。

周易鼎卦九二爻详解

九二爻辞

九二。鼎有实，我仇有疾，不我能即，吉。

象曰：鼎有实，慎所之也。我仇有疾，终无尤也。

古天文星象学提示

《荆州占》曰："太白与辰星合，太白为主人，辰星为客，则有兵战，客胜；若辰星环绕太白，大战，主人偏将死，抵太月，主人大将死。"又曰："太白出，辰星从之，急，相去一尺，兵起大战，光芒相及，若摩之其下有数万人战，客胜，主人军败。"

注释

即：靠近，接近。

合：聚合。

实：积实，聚蓄之意。

聚敛积实。——《左传·文公十八年》

令尹问蓄聚积实。——《国语·楚语》

仇：匹配，匹偶，同伴。

白话文解释

九二：我（辰星）与朋友（太白）聚合，朋友快速出行了，我不能接近她，还相差一尺多远。但我的光芒已经够着了她。如果发生万人以上的大型战争，在我方光照之下的军队必定胜利。这是吉祥的预兆。

《象辞》说：如果天空出现辰星环绕太白金星的情况，地面发

生大型的战争，太白金星方的大将军会战死，所以要慎重地选择
去往太白金星所在的方位。尽管朋友（太白金星）快速运行，我
也追赶不上，那也终将没有忧虑啊！

周易鼎卦九三爻详解

九三爻辞

九三。鼎耳革，其行塞，雉膏不食。方雨，亏悔，终吉。

象曰：鼎耳革，失其义也。

古天文星象学提示

巫咸曰："辰星冬不见，期百八十日，阴雨六十日，有流民。"

《京房对灾异》曰："人君内无仁义，外多华饰，则辰星失度，
不救，必有逆主之谋；其救也，明刑、慎罚、审法，心中无纵，
功治城郭；可以聘士来贤，广恩行惠，则灾消矣。"

白话文解释

九三：辰星失度，在其所主管的冬季没有出现在天空，将会
有阴雨绵绵、人民流亡、饥寒交迫的状况发生。这时，人君就要
心无骄纵，体现仁义，明刑慎罚，聘请贤士，整治城市，广施恩
惠。这样，就会消除灾祸，终于获得吉祥。

《象辞》说：辰星失度，是因为人君失去了仁义啊！

注释

鼎耳：鼎腹两边高出部位谓之鼎耳，中空以便于穿进横木杠，
搬运鼎身。雉膏：鸡汤。方雨：下雨的时候。亏悔：消除灾害。

周易鼎卦九四爻详解

九四爻辞

九四。鼎折足，覆公餗，其形渥，凶。

象曰：覆公餗，信如何也。

古天文星象学提示

巫咸曰："辰星失其常，贼入且昌，社稷倾，亡事行，修鼓革，男女更，治事不治。"

《孝经钩命》曰："失信则辰星缩，天下大水，岁不丰熟。"

白话文解释

九四：辰星缩行，天下盗贼猖狂，江山社稷将倾倒，这是凶险之兆。

《象辞》说：江山社稷将倾倒，是因为人君失信于天下百姓啊！

注释

公：指位高权重的王公大臣。

餗：是一种用碎米与竹笋做成的菜粥。

渥：汗流满面。

周易鼎卦九五爻详解

六五。鼎黄耳金铉，利贞。

象曰：鼎黄耳，中以为实也。

古天文星象学提示

《春秋纬》曰："辰星之效也，其色春青黄；夏赤白若赤黄；秋青白，国有德令；冬黄而不明，皆无伤也。则变厥也，其时不昌；辰星当效而出，色白为旱；黄为福，又为五谷熟。"

白话文解释

六五：辰星明亮的颜色，春季为青黄色，夏季红白色若有红黄色，秋色青白色时，国家有德，冬季为黄色。这是辰星正常而吉祥的明亮的颜色。

《象辞》说：辰星的黄色代表福气，这其中是五谷丰收的果实啊！

注释

鼎耳：鼎腹两边高出部位谓之鼎耳，中空以便于穿进横杠，搬运鼎身。

黄：黄色为土色，以五行论属于中央位，寓意守中。

铉：是古代横鼎耳用来扛鼎的杠子。

金：金色。

周易鼎卦上九爻详解

上九爻辞

上九。鼎玉铉，大吉，无不利。

象曰：玉铉在上，刚柔节也。

古天文星象学提示

郗萌曰："辰星经心，清明烈照，天下内奉明王，帝心延年。"

白话文解释

上九：辰星运行到心宿的下面，辰星清洁明亮，心宿烈火照耀，这是吉祥之象。天下人民敬爱君主，信仰并崇奉明君，那么君主将延年益寿。这样将无所不利。

《象辞》说：心宿在黄色的辰星顶上，就好比玉铉配在金黄色的鼎上面，表示刚柔相济，克得其和，为民所用。

第十一节　周易离卦详解

离卦原文

离。利贞，亨。畜牝牛，吉。

象曰：明两作，离。大人以继明照四方。

古天文星象学提示

石申曰："心三星，五度。心星，火也。一名大辰；一名大火；一名天司空。心者，宣气也；心者，木中火；故其色赤，为天关梁。"

白话文解释

离卦：心星名为大火星，在夏季宣发阳气，气机亨通。《九家易》里说，离为牝牛（母牛），因为离又为火，在这销金毁铜的季节，使民备火，储蓄火种，就如蓄养母牛一样吉利。

《象辞》说：心星名为大火星，是木中火，通明透亮；又因为心星颜色火红鲜亮，两离火相重，上下通明之象，象征天上的水陆交通要道，四通八达。这是离卦的卦象。君王观此卦象，要将自己的美德与恩泽以源源不断的光明照临四方。

周易离卦初九爻详解

初九爻辞

初九。履错然，敬之，无咎。

象曰：履错之敬，以辟咎也。

古天文星象学提示

石氏曰："心三星，星当曲，（敬其曲），天下安。"

白话文翻译

初九：心宿三星就像错开步伐的样子排列，人君敬畏它的曲折自然状态，天下才会安定。

《象辞》说：敬畏心宿摆出错开步伐的样子，随时警惕戒备，可以避免灾难。

注释

履：步履，这里指步伐。

错然：杂乱。

敬：儆，警戒。

周易离卦六二爻详解

六二爻辞

六二。黄离，元吉。

象曰：黄离元吉，得中道也。

古天文星象学提示

《尔雅》曰："大火，谓之大辰；房心尾也。主天下之赏罚；心前后星皆光明赤黄者，太子、庶子，各有赐贺之事。

白话文解释

六二：心宿三星名为大火星，也称为大辰星。当它们在天空中大放光明并呈现出红黄色时，预示着太子和小王子分别会得到君主的赏赐。这是大吉大利的事情。

《象辞》说：红黄色的心星出现在天空，大吉大利，因为六二之爻居中位，具有正色的卦德，人们将得到中正之道。

周易离卦九三爻详解

九三爻辞

九三。日昃之离。不鼓缶而歌，则大耋之嗟，凶。

象曰：日昃之离，何可久也。

古天文星象学提示

石氏曰："房心星暗黑，火星守之二百日，房心山则音声，万民相惊，大水，鱼盐五谷贵，百姓愁。"

白话文解释

心星暗淡变黑，比如太阳西斜将落，火星守之二百日，心宿山上发出的声音，如同人们唱歌没有击鼓的节奏相伴一样，万民闻声后相互惊恐，老人感到悲哀，预示将有大洪水暴发，鱼盐五谷因稀缺而价贵，百姓愁苦不堪。这是凶兆。

《象辞》说：心星暗淡变黑的状况，怎么可能持续很久呢？

注释

日昃：指太阳西斜将落。鼓缶：指敲着瓦盆。耋：是指八十岁老人。嗟：是指嗟叹。

周易离卦九四爻详解

九四爻辞

九四。突如其来如，焚如，死如，弃如。

象曰：突如其来如，无所容也。

古天文星象学提示

《尔雅》曰："心星灭，则主泣血，后奔逃，强国起。心星消，江河为害；期九年，天子灭。心星动，国有急，心星离移，有流民。"

白话文翻译

九四：当心星离开了原来的位置时，灾难突然降临，敌人见房屋就烧，见人就杀，此处变成一片废墟。

《象辞》说：心星如果离移，预示国家突然遭受灾祸，强敌之国进犯使得人民流离失所，无处安身。

注释

如：相当于"然"，结构助词，意思是某种样子或状态。

焚：燃烧，火焚。又形容心急。

弃：指其房屋被毁，家园被抛弃。

周易离卦六五爻详解

六五爻辞

六五。出涕沱若，戚嗟若，吉。

象曰：六五之吉，离王公也。

古天文星象学提示

《二十八宿山经》曰："房山在宋地，与心山相连；房心星神，常居其上；房心不见，帝无教，泣血。心星欲明，群臣奉忠，天下道兴。"

《道书》记载："上古无教，教自三皇五帝以来有矣。教者，告也。有言、有理、有义、有授、有传。言则宣，教则告。"

白话文解释

六五：当房星与心星没有在天空中出现时，人民如同没有得到太一天帝的教导，无助而悲叹，伤心到泪如泉涌。然而吉利。

《象辞》说：六五爻处于君王之位，如同心星终将会明亮的，虽然处境艰难，但是由于群臣克己奉公，忠于职守，忠于君王，反而能振兴天下大治之道，所以是吉祥之象。

注释

涕：是指眼泪。沱：是指水涌出。

若：同"如"，像某种样子、状态。

戚：悲叹。

周易离卦上九爻详解

上九爻辞

上九。王用出征，有嘉。折首，获匪其丑，无咎。

象曰：王用出征，以正邦也。

古天文星象学提示

石氏曰："心三星，帝座；大星者，天子也。心为明堂，中大星天王位，前后小星，子属；以开德发阳。"

罗泌《路史》曰："昔者燧人氏作，观乾象，察辰心而火出；作钻燧，别五木以改火。岂惟民哉，以顺天也。"

《左传·襄公九年》曰："或食于咮，以出火，是故咮为鹑火。"孔颖达疏引宋均注："柳谓之咮。咮，鸟首也。"

《逸周书·卷六·明堂解》曰："明堂，明诸侯之尊卑也，故周公建焉，而朝诸侯于明堂之位。制礼作乐，颁度量，而天下大服，万国各致其方贿。七年，致政于成王。"

班固说："天子造明堂，所以通神灵，感天地，正四时，出教化，崇有德，重有道，显有能，褒有行者也。"

白话文解释

上九：心宿是天帝的明堂，中央大星是天帝位，前后小星是太子、庶子位。国王据此在明堂安排出征仪式，举行嘉礼，祭祀鹑首（张柳宿），用以出火，宣发阳气。诸侯邦国臣服，收到了万国送来众多的进献礼物。这是合适的。

《象辞》说：君王在明堂安排出征仪式，沟通神灵，感动天地，定正四季，推出教化，崇德重道，嘉奖贤能，以安定邦国。

注释：

所谓明堂，即"明政教之堂"，是"天子之庙"。用作朝会诸侯、发布政令、大享祭天，并配祀宗祖。

嘉：指嘉奖。折：祭祀。

第十二节　周易咸卦详解

咸卦原文

咸。亨，利贞。取女吉。

象曰：山上有泽，咸。君子以虚受人。

古天文星象学提示

《乐叶图》曰："咸池，五车天关也。"

郗萌曰："五车一名咸池；一名为五潢；一名为重华；居丰隆也。"

《史记》云："虞舜者，名曰重华。舜父瞽叟顽，母嚚，弟象傲，皆欲杀舜。舜顺适不失子道，兄弟孝慈。欲杀，不可得；即求，尝在侧。"

《管子》曰："舜非严刑罚，重禁令，而民归之矣。"

白话文解释

咸卦：咸即咸池五星。咸池名叫重华，是帝舜的名号。帝舜顺应父子之道，尽管遭受不公平对待，态度依然端正，孝顺父母，慈爱兄弟，二十岁以孝顺闻名天下，被全国人民举荐给帝尧。帝尧因此将二女娥皇女英嫁给了他。大吉大利啊！

《象辞》说：本卦上卦为兑，兑为泽，下卦为艮，艮为山，山中有湖泽，刚中藏柔，这是咸卦的卦象。君主观此卦象，取法于帝舜宽刑罚，重禁令，使万众归心。

初六爻辞

初六。咸其拇。

象曰：咸其拇，志在外也。

天文星象学解释

石申曰："五车，其西北端一大星，曰天库，天库将，毕也，秦也，太白也，其神名曰令尉。"

白话文解释

初六：咸池的西北端一颗大星，名字叫作天库将星，与太白金星相感应，神名为令尉，其实是重华的大脚趾。

《象辞》说：大脚趾在动，说明其志在于出征。

初六爻的本义

咸卦第一爻，为阴爻。爻辞：初六：咸其拇。

爻辞解释

拇：这里指脚的大拇指。本爻辞的意思是：感应发生在脚的大拇指上。

初六：咸其拇。

象曰：咸其姆，志在外也。

经文意思是：感应到脚的大趾上。

象辞意思是：感应到脚的大趾上，是心里想着向外走。

咸卦讲的是相互感应，初六作为卦的初始，感应从脚上的大拇指开始。这意味着两个人只是初交。从卦象上看，初六（太白金星）属于阴爻居于阳位，位不当，但与九四阳爻（荧惑火星）相感应，是阴阳交感的初定情缘，向前发展可以谈婚论嫁。古天文学家巫咸总结说："荧惑者，太白之雄也，五星之伯也，其色赤，胜太白。"

爻辞按照从下到上的感应顺序，分别阐明了不同阶段的感应特点。这种感应描述了星星们之间的引力波，也可以理解为星星们之间的量子纠缠，以及人与天地万物的普遍联系。

变卦发展方向

初六爻动变成革卦：泽火革。兑上离下。离为火、兑为泽，泽内有水。水下浇而火上腾，水火相克，在水火的斗争中，万物变化，生生灭灭，产生了天地造化，形成了变革的力量。

六二爻辞

六二。咸其腓，凶，居吉。

象曰：虽凶居吉，顺不害也。

天文星象学解释

石氏曰："次东北星，名曰狱，燕赵也，辰星也；其神名曰风伯。"

班固《天文志》曰："辰星杀伐之气，斗之象也。"

《荆州占》曰："辰星主刑狱；法官及廷尉人君宰相之治，重刑罚，惰法令，杀无罪，戮不辜，弃正法，货赂上流；则辰星不效度，不时节，法官忧。"

《礼·斗威仪》曰："居水而王，辰星扬光。"

巫咸曰："辰星主调和阴阳，节四时，效其万物。辰星修，顺之则喜，逆之则怒。"

白话文解释

六二：咸池五星排第二的是东北方的狱星，它与主管刑狱的辰星相互感应，显示出杀伐之气、争强斗狠之象，这是凶兆。如果像辰星一样，居守属水之北方，主宰冬季之时辰，调和阴阳，效类万物，那么将是吉祥如意的状况。

《象辞》说：虽遇凶兆，但居北方水位，主政冬令，则可以转凶为吉。观辰星修行，凡是有血气、有脾气或者有习气的众生，都是顺之则喜，逆之则怒。

再看《列子》养虎养兽的故事，顺从天机而尊重人性。

我们治国其实也是这样。凡有血气者，你要想教化他，必须先安其身，然后才能化其心。这里讲的是安其身的方法，安其身的方法是先要顺应天机，天机里面就有一切众生的习气。你要掌握众生的习气，顺着他的习气，先给他安身才行，强行教化是不行的。这就是一个顺应天机的道理。

六二爻的本义

咸卦第二爻，爻辞：六二：咸其腓，凶；居吉。

爻辞释义腓：指腓骨小腿。这里指咸池五星中，从西往东的方向数排第二位的狱星。从拟人的角度看，从脚向上数第二位是小腿。

在卦象上看，六二辰星属于阴爻居柔位，得正。辰星正四季，定分至。其上与九五填星爻正应，填星也是主管四季，表明上下感应，同心同德。六二辰星位居下卦中位，以守中为正，做的是调阴阳，定节气的工作，只能等九五填星采纳任用才能获吉。

变卦发展方向

六二爻动变得到大过卦：泽风大过。兑上巽下。兑为泽、为悦，巽为木、为顺，如一叶扁舟顺行湖泽之中，归隐江湖之上。韬光养晦，被褐怀玉，最后能成大事。

九三爻辞

九三。咸其股，执其随，往吝。

象曰：咸其股，亦不处也。志在随人，所执下也。

古天文星象学解释

石氏曰："五车五星，次东星，名曰天仓，天仓，卫鲁也，其神名曰雨师。"

石氏曰："岁星，他名曰摄提；一名重华；一名应星；一名经星。"

《史记天官书》曰："天仓，星，一曰应星，主兵"。

石氏曰："岁星，木之精也，位在东方，青帝之子，岁行一次，十二年一周天，与太岁相应，故曰岁星。人主之象，主仁，主义，主德，主大司农，主次相，其国吴、齐，齐春日，甲乙其辰，寅卯所在之邦，有福。"

《荆州占》曰："岁星主春，农官也；其神上为岁星，主东维。"又曰："主岁五谷。"

《淮南子》曰："岁星之所居，五谷丰昌；其对为冲，岁乃有殃。"

《荆州占》曰："岁星所居之宿，其国乐，所去宿，其国饥；又曰所从野，有庆；所去，起兵。又曰：岁星居交顺常，其国不可以加兵，可以伐无道之国，伐之必克。又曰岁星所留之舍，其国五谷成熟。"

《尚书纬》曰："时五纪；气在于春纪，可以观农桑，禁斩伐，以安国家；如是，则岁星得度，五谷滋矣。政失于春，星不居其常。"

石氏曰："岁星，君之象也。"

《荆州占》曰："岁星东行，前芒短者，欲留之象；不出七日，留。岁星留不行而芒角有长者，是星欲行，候随芒角所指，如是从之；其芒南者，星入外宿，王者欲遣大使之边国，期九十日；岁星有芒、无角；则王者心平，天下安宁，期百八十日。"

石氏曰："以度至而不去为居。不东不西为留。"

郗萌曰："住不移为留。"

白话文解释

九三：咸池重华大帝的大腿，是东方的天仓星，它与岁星相互感应，志同道合。当岁星住不移且芒角中有支很长的角出现时，这岁星将行，人们凭着随芒角所指的方向如是跟从它。当岁星的芒角指向南方时，岁星将行入另外的星宿，国王将会派遣大使去边疆之国，路途遥远，十分艰辛，历时九十天。

《象辞》说：重华大帝的大腿天仓星感应岁星，岁星不居欲行，志在跟随它的人们，以及所期凭的天下。正如岁星有芒角，国王将心平气和，天下就会安宁。

九三爻变卦发展方向

九三爻动变成萃卦：泽地萃。兑上坤下。坤为河、为川；兑为泽、为渊。川入泽渊，为聚集。萃为汇聚。王至于庙，尊祖敬宗，重社稷爱百姓，刑罚中安庶民，财用足百志成，则垂衣裳天下治。

九三爻的含义

咸卦第三爻，爻辞：九三：咸其股，执其随，往吝。

股：是指大腿。执：用，凭。随：跟随，随从。

九三天仓星与上六北斗相互感应。他们的感应比前两爻有更进一步的发展，结成了夫妻。九三因处于下互卦巽卦的中位，所以他也有顺从的卦象。但九三的处境是既与上六结合，又与下面的六二阴阳相吸引，所以他是上下左右为难，如果急于行动，会有忧愁。

上六是头部，是乾，正如前面所述，乾卦为北斗星，是小岁。九三是咸池星的中央星天仓，是大岁。上六与九三构成一对雌雄关系。正如《淮南鸿烈间诂》所说："斗杓为小岁。（岁之言越历十二辰而行。）正月建寅，月后左行，行十二辰，咸池为太岁；二月建卯，月徙右行四仲，终而复始。太岁，迎者辱，顺者强，左者丧，右者昌；小岁，东南即生，西北即煞，不可迎也，而可顺也，不可左也，而可右也，其此之谓也。"又曰："北斗之神，有雌雄，十一月建于子，月后一辰，雄左行，雌右行，五月合午，谋刑；（刑为煞，故荠麦死也。）十一月合子，谋德。（德为生，问射于振末。）"

九四爻辞

九四。贞吉悔亡，憧憧往来，朋从尔思。

象曰：贞吉悔亡，未感害也。憧憧往来，未光大也。

天文星象学解释

石申曰："五车，一名天库；一名天仓；凡五星，在毕昴北，大陵东；次东南星，名曰司空，楚也，镇星也，其神名曰雷公。"

石申曰："填星，其神雷公，主季夏、主中央、主土；于日主戊巳，是谓黄帝之子，主德。"

《淮南子》曰："中央土也，其帝黄帝，其佐后土，执绳而制四方，绳直也；其神为填星，其兽黄龙，其音宫，其日戊巳。"

《合诚图》曰："填星，主正纪纲。"

巫咸曰："填星之德厚，安危存亡之机。填星所宿者，其国安，大人有喜，增土。"

《五行传》曰："填星于五常为信，言行不二；于五事为思，心宽容受谏；若五常、五事皆失，填星为变动、为土功、为女主、为山崩、为地动。"

班固《天文志》曰："填星者，信也，思也；仁义礼智以信为主，貌言视听以心为正；故四星皆失，填星乃为之动。"

《荆州占》曰："填星，土之精，主四季。填星，主司天下女主之过；女主邪，填星邪；女主正，填星正。"

《荆州占》曰："填星居之分久而光明，人主吉昌。"

《海中占》曰："填星光明，岁熟；其所守国安，大人有喜，增地。"

白话文解释

九四：按照从下往上的顺序，在咸池重华大帝身上，这是心的位置，貌言视听以心为正。司空星感应填星，填星主中央土，主宰四季，正纲纪。于五常为信，于五事为思。填星光大明亮，其国安岁熟，人主吉昌。四星往返运行，连绵不断，如同门师弟一样，唯填星马首是瞻，服从命令听指挥。

《象辞》说：贞正，吉昌，祸害消除，是因为心地宽容，接受谏言，因此没有蒙受侵害。虽然同门师弟心神不定纷沓往来，但还是要将诚信发扬光大。

九四爻变发展方向

九四爻动变成蹇卦：水山蹇。坎上艮下。坎为水，为险，艮为山，为止。千山万水，前路艰辛，人生险阻，反省思变，修德养性，苦练内功，方能治国安邦平天下。

九四爻的基本意义

咸卦第四爻，爻辞：九四：贞吉，悔亡；憧憧往来，朋从尔思。

爻辞释义

贞：正，这里指中央方位。悔亡：祸害消除。憧憧往来：往来不定，频繁交往。从：随着，相应的意思。朋，同门师兄弟。这里指太白金星、辰星、岁星和荧惑星，与填星一起同在太阳这个师门。思，为信，即诚信。

本爻辞的意思是：即使是同门师兄弟们失行，失色，作为兄长的就得不忘初心，坚持诚信，带领大家奔驰在正确的道路上。

从卦象上看，九四填星居上卦，如同人体心脏的位置，心为思之器。九四填星虽然阳爻居于阴位，位不当，但是其心诚志坚，以上应下，恭谦礼下，接受谏言。从卦象上，九四填星与初六太白金星保持联系，九四填星不计自我得失，与初六太白金星保持密切的交往，用这种真诚态度必然会达到以心换心的目的。

九四：贞吉悔亡，憧憧往来，朋从尔思。

象曰：贞吉悔亡，未感害也。憧憧往来，未光大也。

经文意思是：填星正纲纪，主四季，心地宽容，采纳谏言，祸害自然消除了。金木水火四星摇移不定的往来，是因为不够坦诚相待，没有正大光明。他们只有向填星学习，才能做到言行不二。

九五爻辞

九五。咸其脢，无悔。

象曰：咸其脢，志末也。

天文星象学解释

石申曰："五车，一名天库；一名天仓；凡五星，在毕昴北，大陵东；次西南星，名曰乡，乡，韩、魏也，荧惑也，其神名曰丰隆。"

石申曰："荧惑主忧，主南维，主于火日，主丙丁，主礼，礼失者，罚出荧惑之逆行是也，此失夏政也。以其所守之舍，命其国。"

石申曰："荧惑躁急、促疾，主南方，从巳至未，南方夏气所治位也；盛阳在上，微阴在下，尊卑承养物礼也。"

巫咸曰："荧惑主忧患，过、恶、祸、福，所由坐也。"

《荆州占》曰："荧惑顺行而其国有道。"又曰："荧惑出东方，行顺，即其国吉。"

《洪范五行传》曰："荧惑于五常为礼，辨上下之节于五事，为视明察善恶之事也。"

白话文解释

九五：西南方的乡星是咸池重华大帝的后背，与荧惑火星感应。荧惑主管忧患意识，主政南方，主掌夏季。当它出东方顺行时，九州分野对应的邦国吉祥，没有忧悔的事情发生。

《象辞》说：后背部位的咸池乡星，感应着荧惑火星，荧惑星主导礼节，辨别尊卑长幼次序，明察忠奸善恶之事，并对微小细节特别的上心，可谓明察秋毫。

九五爻的基本含义

咸卦第五爻，爻辞：九五：咸其脢，无悔。

爻辞释义

晦：指脊背。悔：忧悔。

九五：咸其脢，无悔。象曰：咸其脢，志末也。

末，卑微的、不重要的，如秋毫。

本爻辞的意思是：位于重华大帝背部的乡星，感应到了荧惑火星，当荧惑星出东方顺行时，分野对应的邦国吉祥，没有忧悔的事情发生。

《象辞》中这样分析此爻："咸其脢，志末也。"这里指出：虽然感应的荧惑火星处于重华大帝背部的位置，但是它肩负重任，负责处理细节，明察秋毫，分辩善恶好坏之人。

从卦象上看，九五荧惑火星为君爻，荧惑有方伯之象，在五星中为尊长，为首领。阳爻居阳位，属于得位。荧惑火星上承天一星，主管天下万物的变化；下掌国家官民的过失。如骄奢、正邪、饥荒、兵乱等。

九五爻变卦发展方向

九五爻动变成小过卦：雷山小过。震上艮下。艮为山，震为雷，迅雷从山顶翻过，进入平原地带。盛阴在上，微阳在下，如同冬令时节，君子应该严于律己，宽以待人。

上六爻辞

上六。咸其辅，颊，舌。

象曰：咸其辅颊舌，滕口说也。

古天文星象学解释

石氏曰："五车五星，三柱九星；凡十四星，在毕东北。"

石氏曰："五车中，有三柱；（晋灼曰：柱解音注）三星鼎足居；柱一名休格；一名旗。"

《天文志》曰："三渊者，五车柱也。"

《黄帝占》曰："五车三柱，星动，期三十日，车骑发。"

《春秋元命包》曰："五车三柱，象天下之车；一柱不见，三分一车行；二柱不见，三分二车行；三柱不见，天子自将兵。"

《文曜钩》曰："咸池中三柱不具，兵革起。"

《淮南鸿烈间诂》曰："斗杓为小岁。（岁之言越历十二辰而行。）正月建寅，月后左行，行十二辰，咸池为太岁；二月建卯，月徙右行四仲，终而复始。太岁，迎者辱，顺者强，左者丧，右者昌；小岁，东南即生，西北即煞，不可迎也，而可顺也，不可左也，而可右也，其此之谓也。"

《黄帝占》曰："北斗为帝车，运于中央，临制四方，分别阴阳，建于四时，均立五行，移应节度，定诸纪纲，太一之事也；配于二十八宿，天所以发其时，地所以成万物，诸侯属焉。"

《春秋纬·元命包》曰："斗为帝令，出号布政，授度四方，故置辅星，以佐功为；斗为人君之象，而号令之主也。"

《洛书》曰："北斗，魁第一，曰天枢；第二、璇星；第三、玑星，第四、权星；第五、玉衡；第六、开阳；第七、摇光。第一至第四为魁，第五至第七为杓，合为斗。杓阴布阳，故称北斗。开阳重宝，故置辅。"

白话文解释

上六：咸池重华大帝头部腮帮、脸颊、舌头，这三部分指三柱九星，名旗字休格，感应着北斗九星。北斗和休格（咸池九星）都是每月指向一个方位，全年十二方，他们分别称为小岁和大岁，用来给人们出行占凶吉。

《象辞》说：三柱星休格是重华大帝的腮帮、脸颊、舌头，感应着北斗九星，北斗传达太一上帝的政令，是位司号员。

上六爻变卦方向

上六爻动变成遁卦：天山遁。乾上艮下。乾为天，艮为山。高山仰止，景行行止，遁为退意，二阴逼四阳，阴长阳消，是十二消息卦成员，建未，主掌六月。

上六爻的基本含义

咸卦第六爻，爻辞：上六：咸其辅、颊、舌。

爻辞释义

辅：本义：车旁横木。

辅为星名，如：辅星（Alcor），视星等为 4.03 等，即大熊座第 80 号星，大熊座 S 星（北斗七星第六颗星的伴星）。

颊：指脸颊。

本爻辞的意思是：三柱星感应北斗星，辅星与牙床同出一辙。

上六：咸其辅，颊，舌。象曰：咸其辅，颊，舌，滕口说也。

象辞意思是：三柱星感应到北斗七星。都是车轮滚滚般的运行，传达帝令，号令天下万物。

第十三节　周易夬卦详解

夬卦原文

夬。扬于王庭，孚号，有厉。告自邑，不利即戎，利有攸往。

象曰：泽上于天，夬。君子以施禄及下，居德则忌。

白话文解释

夬卦：雷公决星是填星之神，夬卦即填星。（土星）

当填星守紫薇宫时，预兆天下有哭音，国有灾殃。人民妻离子散，流亡家乡。国王不可用兵，国王修德可免除灾祸。

《象辞》说：本卦兑上乾下，兑为泽，乾为天，泽天夬。国王观此卦象，从而泽惠下施，不敢居功自傲，并以此为忌。

夬，即决的意思，阳刚决断阴柔。刚健而喜悦，决断而能和谐，宣扬于王庭，是柔爻登乘在五个阳爻之上。心怀诚信哭号有危险，是说明这种危险已经很明显了。告诉同邑的人们，不利于立即采用军事行动，是因为崇尚武力是行不通的。

古天文星象学提示

石申说："填星其神，雷公决星，名曰卿魄。"

夬卦初九爻辞

初九。壮于前趾，往不胜为咎。

象曰：不胜而往，咎也。

白话文解释

初九：土星旁有小星守土星，土星使小星循环往复地绕土星公转，成为它的卫星。预示着君主将得到贤臣。土星如果没有俘获小星成为卫星，预示臣是弑君者，有凶险。

《象辞》说：土星如果没有俘获小星成为卫星，预示臣是弑君者，有凶险。

古天文星象学提示

《黄帝占》曰："填星旁有小星守填星，臣欲弑主，小星入填星中，事立决；小星去，臣利；填星往复小星，主得臣；见东方，东方有之；见西方，西方有之；见南方，南主有之；见北方，北方有之；皆以所在之宿名其国。"

注释

壮：刚壮，冒进。

趾：脚趾。

前趾：指初步行进之时，这里指土星前面的小卫星。

夬卦九二爻辞

九二。惕号，莫夜有戎，勿恤。

象曰：有戎勿恤，得中道也。

白话文解释

九二：土星在白天出现，预兆女主人因有臣逆谋而忧虑的大声哭叫，土星下对应的国家将有战争发生，尽管暂时不能取胜，也不要忧伤。

《象辞》说：有敌来犯，尽管暂时不能取胜，也不要忧伤，因为人与德相应，顺阴阳，奉天命，然后土星运行恢复正道，国家将化险为夷，没有灾祸。

古天文星象学提示

甘德说："填星昼见，臣谋君，女主忧，上相死。填星经天而逆行，天下更政，地大动。"

《荆州占》说："填星起左角，逆行至轸，是经天；其下国当者亡地，战不胜。"

《尚书纬》说："人与德相应，其礼衣黄，是谓顺阴阳，奉天之常也。如是则填星得度，其地无灾。"

注释

惕：忧伤。

血去惕出。——《易·小畜》。虞注："忧也。"

抱拙终身，以死谁惕。——柳宗元《乞巧文》

又如：惕然（忧虑的样子）；惕想（忧思）。

莫：不是。

戎：指战事。

恤：指忧虑。

夬卦九三爻辞

九三。壮于頄，有凶。君子夬夬，独行遇雨，若濡有愠，无咎。

象曰：君子夬夬，终无咎也。

白话文解释

九三：土星动摇变脸色，预兆天下发生水灾。君主匆匆忙忙地独自离宫，路上遇丝丝细雨，全身淋湿了，似有怨气，又显得怒火中烧。但没有灾祸。

《象辞》说：君主匆匆忙忙地独自离去，但最后没有灾祸。

古天文星象学提示

《离书》曰："填星动溢，地侯之灾；山崩裂。填星动盛，不吉，天下乱畔。"

《元命包》曰："填星动，则水决江，海破山，命曰：地侯跃天，雨丝丝；伪言咄咀，民作船；主急去，地吐泉，鱼御勉。"

《春秋纬》曰："黄星动，海水浮，三公及左右谋。"

《钩命决》曰："天水失信，则玄龟不见，填星大动。"

石申曰："礼、德、义、刑、杀尽失，则填星为之动。填星动摇、离舍，使者交接道路。"

《荆州占》曰："填星动，女主有怒，若有怨。"

郗萌曰："填星变色逆行，相凌而斗，会客环守，其国无道。"

注释

頬：泛指面颊。例如："一语及学，则頬为之赤。"这里指动容，土星动摇。

夬卦九四爻辞

九四。臀无肤，其行次且。牵羊悔亡，闻言不信。

象曰：其行次且，位不当也；闻言不信，聪不明也。

白话文解释

九四：祭祀时器皿底部没有放置肉类，君王已经失礼了，这将引起土星运行失次。如果君王顺应时势，施恩泽于民，牵羊荐牲，重修礼义，那么土星将恢复正常运行，国家没有灾难。心宽就容易接受谏言。

《象辞》说：土星运行失次，是因为君王没有摆正自己的位置和心态。不接受谏言，是因为不能明察事理啊。

古天文星象学提示

《荆州占》曰："王者无德，女主不仁，淫放外游，出入无度；此恶之所致，人君修德以禳之，则可无咎。"

甘氏曰："填星失次而下二舍，是谓缩；女后有威，其岁不复，不乃天裂，若地动。"

《尚书纬》曰："气在于季夏，其纪填星，是谓大静；无立兵，立兵命曰犯命；夺人一亩，偿以千里；杀人不当，偿以长子；不可起土功，是谓犯天之常，灭德之光。可以居正殿安处，举有道之人，与之虑国；人以顺式时利，以布大德，修礼义；不可以行武事，可以赦罪；人与德相应，其礼衣黄，是谓顺阴阳，奉天之常也。如是则填星得度，其地无灾。"

《五行传》曰："填星于五常为信，言行不二；于五事为思，心宽容受谏；若五常、五事皆失，填星为变动、为土功、为女主、为山崩、为地动。"

班固《天文志》曰："填星者，信也，思也；仁义礼智以信为主，貌言视听以心为正；故四星皆失，填星乃为之动。"

注释

臀：鬴底，器皿，《周礼·考工记·栗氏》曰："其臀一寸，其实一豆。"

胾：古代用于祭祀或供食的肉类。

牵羊：牵牲之礼。《周礼·春官·大宗伯》曰："王亲牵牲而杀之。"郑玄注："凡大祭祀，君亲牵牲，大夫赞。"

夬卦九五爻辞

九五。苋陆夬夬，中行无咎。

象曰：中行无咎，中未光也。

白话文解释

九五：土星像马齿苋一样，主管五行，五方，像马齿苋的花在午时盛开一样，土星行中道，调和阴阳。这预兆没有灾害发生。

《象辞》说：土星运行中正之道，仅仅预示没有灾难，大概是因为君王没有将中正之德推广施行啊。

古天文星象学提示

《荆州占》曰："填星顺行而明，其国有厚德。填星行中道，阴阳和调。"

注释

苋陆：马齿苋（又名五行草，五方草）。为石竹目、马齿苋科一年生草本，全株无毛。茎平卧，伏地铺散，枝淡绿色或带暗红色。花无梗，午时盛开；有清热利湿、解毒消肿，平衡阴阳之功效。

夬卦上六爻辞

上六。无号，终有凶。

象曰：无号之凶，终不可长也。

白话文解释

上六：填星变得细小，光辉微弱，预兆君王有忧虑之事发生，女主人失去权势，没有钟鼓宫廷或庙堂音乐，有罪之民也被释放，如果不制止这种状况，就会出现失地丧民的凶险。

《象辞》说：没有钟鼓宫廷或庙堂音乐的凶险，这种情况最终不会长久啊。

古天文星象学提示

巫咸曰："填星小，人主有忧；使之不然，无听鼓钟之音，民人有罪者释之；如是，则止；不者，民多死，有土功，失地。"

《荆州占》曰："填星细微，女主失势。"

注释

号：管乐器号角、号筒、军号等的简称。这里指钟鼓之音。

钟鼓之乐：古代指宫廷或庙堂的音乐或乐舞。代表礼乐制度。

钟鼓，我国很早的时候就已经有了，如《诗经·关雎》里，就有演奏钟鼓古老乐器的诗句：“窈窕淑女，钟鼓乐之。”

汉·贾谊《论时政疏》：“劳智虑，苦身体，乏钟鼓之乐。”

第十四节　周易升卦详解

升卦原文

升。元亨。用见大人，勿恤，南征吉。

象曰：地中生木，升。君子以顺德，积小以高大。

白话文解释

升卦：岁星（木星）名为摄提，有提携，提升之意。其卦为升卦。岁星每年运行到一个星次，十二年绕日公转一周，用于纪时，所以元始亨通。岁星入太微宫执道而出，作为人主之象，可以参见太一天帝，预示君王有福，不用忧虑。因为岁星主东方，右行顺行方位是南方，所以依据岁星顺行向南方用兵吉利。

《象辞》说：本卦坤上巽下，坤为地，巽为木。岁星是木之精气，现称为木星。木从地中生出，升卦是岁星（木星）的卦象。君子观此卦象，学习岁星的柔顺、恩慈、仁义的美德，加强修炼，从细小做起，积小成大，逐步培养高尚的品德。

古天文星象学提示

石申说：“岁星，他名曰摄提；一名重华；一名应星；一名经星。”

石申曰："岁星，木之精也，位在东方，青帝之子，岁行一次，十二年一周天，与太岁相应，故曰岁星。人主之象，主仁，主义，主德，主大司农，主次相，其国吴、齐，主春日甲乙，其辰寅卯，所在之邦有福。"

《齐伯占》说："岁星入太微执道而出，王者有福，诸侯有受赐爵封者。"

《合诚图》说："岁星主含德。"

《洪范五行传》说："岁星者，于五常为仁、恩、德、孝、慈，于五事为貌、威、仪、举、动，仁亏貌失，逆春令，则岁星为灾。

出土文物佐证

马王堆汉墓帛画《太一出行图》中的雨师，就是岁星的人主之象。

升卦初六爻辞

初六。允升，大吉。

象曰：允升大吉，上合志也。

白话文解释

初六：岁星运行正常，预兆所居星宿分野对应的国家有福气，其君王吉昌，奸臣佞臣消停，大吉大利。

《象辞》说：岁星正常运行，行中道，阴阳调和，君主正直，治政宽严有度，大吉大利之象。岁星的正常运行真是契合君王的心意啊。

古天文星象学提示

《荆州占》曰："岁星居舍，进退如度，其国有福；王者吉，奸邪息。"又曰："人君治急，岁星行疾；缓者，行迟；刻者，行阴道；宽者，行阳道；和者，行中道。行阳道者，旱；行阴道者，水；行中道者，阴阳调和。又曰：岁星行正，则王者心正；行邪；则人主心邪。行正者，行黄道也；行邪者，失黄道也。"

注释

允：是允许，跟从之意。

上：君上，君王。

升卦九二爻辞

九二。孚乃利用禴，无咎。

象曰：九二之孚，有喜也。

白话文解释

九二：岁星六月与柳星、七星、张星早晨出现在东方，光泽明亮呈赤红色，芒角如荸，即草木种子发芽之状。这个时候，正好可以祀天，就是举行对天帝的侍奉、享献的仪式，则无灾祸。

《象辞》说：九二爻辞讲的岁星在六月份产生的芒角如荸，预兆君王将有喜得子孙，册立王子的喜事啊。

古天文星象学提示

甘氏曰："作愕之岁，摄提在西，岁星在午，与柳、七星、张，晨出夕入，（以六月与之晨出东方，须女、虚、危为对也。）

其名为长王，其状作有芒，有国其昌，书有四方，亨献之祥。"

《海中占》曰："岁星色苍黄，吉：赤芒泽，有子孙，喜，立王。"

注释

禴：古代宗庙祭祀的名称。夏、商二代为春祭，周代则改称夏祭。《诗经·小雅·天保》："禴祠烝尝，于公先王。"《汉·毛亨·传》："春曰祠，夏曰禴，秋曰尝，冬曰烝。"同"礿"。

孚：通"莩"。草木种子分裂发芽。

柳稊。稊也者，发孚也。——《大戴礼·夏小正》

又如：孚甲（植物种子的外壳。引申为萌发，萌生）；孚笋（新竹、幼竹）。

芒：草木萌芽状态。

芒之为言萌也。——《白虎通·五行》

升卦九三爻辞

九三。升虚邑。

象曰：升虚邑，无所疑也。

白话文解释

九三：岁星运行到虚宿附近时，预兆有功臣被封立侯国邑。

《象辞》说：岁星运行到虚宿附近时，预兆有功臣被封立侯国邑。这是没有悬念的。

古天文星象学提示

《荆州占》曰："岁星入虚百二十二已上，有功臣封立侯国邑。"

《春秋图》曰："岁星之虚，五谷大熟。"

甘氏曰："岁星入虚，天下大虚。"

注释

虚：虚宿，北方七宿之一。

邑：官名，侯国邑。

升卦六四爻辞

六四。王用亨于岐山，吉，无咎。

象曰：王用亨于岐山，顺事也。

白话文解释

六四：岁星经过心宿明堂星的附近，预兆五谷成熟，天下大丰收，贤士尽职，人民敬业且爱戴君王，君王延年益寿，有喜庆之事，天下太平。大吉大利。受此星象启发，君王来到岐山周族明堂大享祭天，并配祀宗祖。没有灾变发生。

《象辞》说：君王来到岐山周族明堂大享祭天，并配祀宗祖，使得岁星就顺行合度，这是君王行义之事啊！

古天文星象学提示

石申曰："岁星经心，清明烈照，天下内奉明王，帝必延年。"

《黄帝占》曰："岁星至心，正不失道，天下和平，轨道失纲，灾变生。"

郗萌曰："岁星入心，天下诸侯有庆赏之事，期九十日。"

《春秋纬》曰："岁星守心，天子有庆赐。"

《援神契》曰："岁星守心，年谷丰。"

石申曰："岁星守心，王者得天心；阴阳和，天下大丰，五谷成熟，有庆赐，贤士用，皆有令德。"

《荆州占》曰："王者行义，起宗庙，立无后，赈贫穷，存孤寡，省刑狱，赏有功，举隐伏，礼贤良，发库藏，罢徭役，宽赋敛，则星顺度，无咎矣。"

注释

明堂：即"明政教之堂"，是"天子之庙"。用作朝会诸侯、发布政令、大享祭天，并配祀宗祖。

用享：指举行祭祀之礼。

岐山：周部落发源地。在陕西岐山县东北，周族古公亶父曾率众自豳迁于山下周原，筑城作邑。

升卦六五爻辞

六五。贞吉，升阶。

象曰：贞吉升阶，大得志也。

白话文解释

六五：正月岁星与营室从东方清晨的天空出现，这称为摄提格。预兆岁星所对应之国因有厚德而昌盛，君主有福有喜庆之事，也不会受到任何攻击。大吉大利。

《象辞》说：摄提格所在国家的吉祥之事，证明岁星摄提格如阶梯上升，君主大展宏图，达到目的。

古天文星象学提示

甘德说："岁星处一国，是司岁十二名摄提格之岁。摄提格在寅，岁星在丑，以正月与建、斗、牵牛、婺女。"

李巡曰："言万物承阳而起，故曰摄格，格起也。"孙炎曰："阳摄，特提携万物，使上至。"

《马王堆天文书》说："岁星以正月与营室晨出东方，其名为摄提格，始昌，岁星所处者有庆。"

《文曜钩》说："岁星所居久，其国有德厚，人主有福，不可以加兵。"

注释

阶：阶梯，台阶。

升：岁星卦象，摄提万物，使至上。

升卦上六爻辞

上六。冥升，利于不息之贞。

象曰：冥升在上，消不富也。

白话文解释

上六：十二月岁星与心宿、尾宿、箕宿出现在东方清晨的天空，此时岁星颜色呈黯然黑色，在昏昧中上升，预兆君王永不停息坚守正道。

《象辞》说：因为岁星运行失次，使得所在国产生了水灾，兵灾，五谷歉收等国库空虚而不富裕的状况。

古天文星象学提示

甘德曰："赤奋若之岁，（李巡曰：'言阳气奋迅，万物而起，不若其性，故曰赤奋，若阳也，奋迅也，若顺也。'孙炎曰：'物萌，色赤，奋动，顺其性，而气始芽也。'）摄提在丑，岁星在寅，与心、尾、箕，（《天官书》曰：'以十二月与尾，箕。'《汉天文志》曰：'太初历在婺女、虚、危，又曰：甘氏、太初历所以不同者，以星盈缩，在前后所见也，其四星亦各如此者也。'）晨出夕入，（《淮南子》曰：'岁星舍尾、箕，以十月与之晨出东方，觜觿、参为对。'）其名为天昊，黯然黑色、甚明侯王有庆，其失次见于参，其名洋；有国其虚，其岁早水。"

《荆州占》曰："岁星行疾而迟，不及其次至二次，人主暗昏，国绝嗣，女后持政，大夫不服，民贼不禁。"

注释

冥：指黯然失色。

不息之贞：指永不停息地坚守正道。

第十五节　周易晋卦详解

晋卦原文

晋。康侯用锡马蕃庶，昼日三接。

象曰：明出地上，晋。君子以自昭明德。

白话文解释

晋卦：五谷候迎善祥阳气，依靠太阳施放出来的火气滋生而繁茂。太阳在白天照明，运行在角宿（天门）和房宿之间相连接的三个轨道上。

《象辞》说："本卦离上坤下，离为日，坤为地。太阳照耀大地，万物沐浴光辉，是晋卦的卦象。君主观此卦象，把自身光明磊落的美德昭示天下。

古天文星象学提示

皇甫谧《年历》曰："日以昼明，名曰曜灵。"

《春秋·元命苞》曰："天尊精为日，阳以一起，日以发纪。尊故满，满故施，施故仁，仁故明，明故精，精故外光，故火日外景，阳精外吐。"

张衡《灵宪》曰："日者，阳精之宗，积而成鸟，象鸟有三趾，阳之类，其数奇也。"

《淮南天文问诘》曰："积阳之热气生火，火气之精者为日。日者，阳之主。"

京房《别对灾异》："日行房，乘三道，太平上道，升平中道，霸世行下道云。"

注释

接：连接。

马：乘畜。生于午，禀火气。

锡马：施放火气。

蕃庶：滋生；繁衍。《国语·周语上》："不可。夫民之大事在农，上帝之粢盛于是乎出，民之蕃庶，于是乎生。"

康：会意。康为穅的本字。从禾，康声。本义：谷皮；米糠。

（穄）谷之皮也。云谷者，晐黍稷稻粱麦而言。谷犹粟也。今人谓已脱于米者为穄，古人不两。穄之言空也，空其中以含米也。凡康宁、康乐皆本义空中之引伸。今字分别乃以本义从禾，引伸义不从禾。从禾米，庚声。庚毛刻作康，误，今正。苦冈切。十部。

侯：《周礼·春官》说"肆师侯禳。"疏注：侯者，候迎善祥。禳者，禳去殃气。

晋卦初六爻辞

初六。晋如，摧如，贞吉。罔孚，裕，无咎。

象曰：晋如摧如，独行正也。裕无咎，未受命也。

白话文解释

初六：日是君王的象征。凡是君王治政过严则日运行就快疾，君王治政过宽则日运行就迟缓。日没有到达中道就运行迟缓，君王治政出现宽裕，这也没有什么危害。

《象辞》说：日运行快疾或迟缓，君王治政的宽严适度，是因为君王能遵循正道。就算治政过宽，也是没有什么危害，只是没有顺受天命啊！

古天文星象学提示

《汉书·天文志》曰："日者，君之象。凡君行急，则日行疾；君行缓，则日行迟；日行不可指而知也。故以二至二分之星为候。日东行，星西转。冬至昏奎八度中；夏至氐十三度中；春分柳一度中；秋分牵牛三度七分中；此其正行七日。行疾，则星西转疾，事势然也。故过中则疾，君行急之感也。不及中则迟，君行缓之象也。"

《礼纬》曰："天子服中，礼从容中；则日、月、五星不敢纵横。"

晋卦六二爻辞

六二。晋如，愁如，贞吉。受兹介福，于其王母。

象曰：受之介福，以中正也。

白话文解释

六二：太阳运行到秋分点，时气应该来而没有来，这时草木复荣，人多温病，悲愁而心痛。卜问得吉兆。因为得到了大地之母的庇佑获得大福。

《象辞》说：之所以受此大福，因为六二之爻居下卦中位，像大地得中正之道。

古天文星象学提示

甘德曰："日，阳精之明耀瑰宝，其气布德，而至生本在地，曰德。德者，生之类也。"

刘向《洪范传》曰："日者，照明之大表；光景之大纪；群阳之精，众贵之象也。故曰，其气布德，而主在地。日德者，生之类也；故日出而天下光明；日入而天下冥晦。"

《易纬》曰："秋分晷长七尺二寸四分。（按周髀长七尺五寸五分。刘向长七尺二寸六分。何承天长五尺三寸九分。祖暅长五尺三寸七分。今历景长五尺三寸三分。）当至不至，草木复劳，多病温，悲心痛；未当至而至，多病胸胁腹痛。"

注释

愁：悲哀；哀伤。如：愁痛（悲痛）；愁悲（悲愁；悲哀愁苦）；愁郁郁（忧伤的样子）。愁：这里指忧虑。

兹：与"此"同意。

介：《诗小雅》有："神之听之介尔景福"之语，"介"在这里指大。

王母：指大地之母，有生之德。

晋卦六三爻辞

六三。众允，悔亡。

象曰：众允之，志上行也。

白话文解释

六三：太阳运行到冬至点，日月金木水火土五星都在营室星宿开始运行，日月像悬璧，五星如连珠，果然都向右运行。没有悔恨。

《象辞》说：日月像悬璧，五星如连珠，果然都向右运行，预示君王志向上而行。

古天文星象学提示

《易坤灵图》曰："王者至德之荫，则日月若连珠璧。"（郑玄曰：至德之荫，谓将兴之时；连璧无朔望之异也。)

《尚书·考灵曜》曰："天地开辟，曜满舒元，历纪名月，首甲子冬至，日、月、五纬，俱起牵牛初，日月若悬璧，五星若连珠。"

《淮南天文问诂》曰："太阴元始，建于甲寅。（大元，初有日月五星之时也）日月俱入营室五度。（日月如连璧，五星如贯珠，皆右行。）

注释

众：指大众，这里指众星，日月五星。允：指果真，果然。

晋卦九四爻辞

九四。晋如鼫鼠，贞厉。

象曰：鼫鼠贞厉，位不当也。

白话文解释

九四：太阳像土狗一样昼伏夜出，这预示着会发水灾，兵灾，饥荒，天下不安等真正危机的情况出现。

《象辞》说：太阳像土狗一样昼伏夜出预兆的危险，是因为阴气太重占据了阳气的位置啊！

古天文星象学提示

《河图》曰："日夜出，是谓阴明，割剖国分。"

《墨子》曰："昔三苗大乱，正命殛之，日为夜出。"

随巢子曰："三苗大乱，妖日宵出。"

《尚书金柜》曰："日夜出者，纪纲灭，大臣专政，作威夺权；无救，大臣贼其主，夺其邦；其救也，亲仁贤，退骄佞，填四时，布恩惠，赦天下，则日夜出不为伤也。"

《易纬》曰："日夜出，隐谋合，国雄逃亡，从处易主。"

《孝经内记图》曰："日夜出，明臣贼其主，夺其家；一日兵起，天下饥，再出三年，君死国亡。"

京房曰："日夜出，是谓阴反阳，不出二年，天下见大兵；不出一年，有大水；在所见处之国，天下不安。"又曰："日暮而出，是谓阴重，天下见兵。"

郗萌曰："日夜出，是谓阴阳，在国者亡，兵起，天下饥，以日命其国。"

《荆州占》曰："日夜出，不出二年，天下有兵、水，兵出在所见国。"

注释

鼫鼠：蝼蛄。

昆虫纲直翅目蝼蛄科的泛称。体圆，色褐，长约三厘米。有两对翅膀，前肢有力，善掘地，生活在泥土中。昼伏夜出，嗜食农作物嫩茎，为稻麦害虫。雄虫每于日落黄昏时叫。也称为"土狗""蝲蝲蛄""鼫鼠"。

晋卦六五爻辞

六五。悔亡，失得勿恤，往吉，无不利。

象曰：失得勿恤，往有庆也。

白话文解释

六五：太阳下面出现红黑色的青气，预兆没有悔恨之事，有叛臣从外面回归，不用忧虑，这太阳附近的气是股履险如夷之气，预示无所不利。

《象辞》说：有叛臣从外面回归，不用忧虑，勇往直前，定有喜庆降临啊！

古天文星象学提示

《洛书》曰："日下有赤黑青气，是谓履气，交日下将缨，或曰纽也，天子有喜，有臣反从外来者，所以然者；日，天子之象也，黑水之精也，赤临是谓水火相薄，故言天子喜；水者陷，故言有臣从外来反。"

注释

失：指丢失，失去。

恤：指忧虑，顾虑。

晋卦上九爻辞

上九。晋其角，维用伐邑，厉吉无咎，贞吝。

象曰：维用伐邑，道未光也。

白话文解释

上九：太阳上出现白气产生芒角，预兆出动军队征伐附属小国而发动战争，但其结局难料：或许危险，或许吉利，或许没有灾难，或许正践凶险。

《象辞》说：根据太阳出现芒角之气的预兆来发动战争，是因为正道没有发扬光大啊！

古天文星象学提示

《孝经雌雄图》曰："日彗者，君有火德，天下大丰。"

高宗曰："日上芒如烽火，国主失土。"

《春秋纬·汉含孳》曰："日垂芒，战争。"

《洛书》曰："日有气而芒，色黄白润泽，是为阳光，天子有喜，小有德令赦。"

夏氏曰："上黄白芒，君福昌；不得正色，王有忧。"

注释

维：是语气词。

邑：是属邑、附属的小国。

第十六节　周易兑卦详解

兑卦原文

兑。亨，利，贞。

象曰：丽泽，兑。君子以朋友讲习。

白话文解释

兑卦：兑卦属金，为泽、为水，月亮是金之精，又是水气之精。所以兑卦代表月亮。月亮是王后妃子、大臣、诸侯的象征，月光明亮照耀，时令通畅，五季循环，预示国家政通人和，国泰民安。

《象辞》说：月亮明丽而光泽，如水柔润惠泽万物，这是兑卦的卦德。君主应该以此类推，钻研学习。

古天文星象学提示

《河图·帝览嬉》曰："月者，金之精。"

《天宫书》曰："太阴之精，上为月。月者，天地之阴，金之精也。"

范子《计然》曰："月者，水也。"

《淮南子》曰："月者，天之使也；水气之精者，为月。"

《汉书·李寻上疏》曰："月者，从阴之长，妃后、大臣、诸侯之象。"

《高宗占》曰："月出如盛天下，且有主治也。"

《尚书·考灵曜》曰："五政不失，日月光明；五政，谓四时及夏季之政也。"

《礼纬·含文嘉》曰："君道尊而制命，即日月精明。"

注释

亨：亨通，这里指时令通畅，五政不失。

利：和，指人民团结一致。

贞：正，即政，政治，政令。

朋友：相比、相类。《诗经·唐风·椒聊》："彼其之子，硕大无朋。"

朋，比也，朋，类也。——《广雅》

讲习：研讨学习。

周易兑卦初九爻辞

初九。和兑，吉。

象曰：和兑之吉，行未疑也。

白话文解释

初九：月亮在正常轨道上运行与君主圣明相应。这是吉利的征兆。

《象辞》说：君主圣明，月亮依道而行的吉祥景象，是因为君主舒言、政缓，臣下不恐惧的原因啊！

古天文星象学提示

石申说："明王在上，月行依道；若主不明，臣执势，则月行失道。大臣用事，背公向私，兵刑失道，则月行乍南乍北；女主外戚擅权，则或进退朓朒；皆君臣刑德不正之咎也。有不如常，随事占其吉凶；月行疾，则君刑缓；行迟，则君刑急。月之与日，迟疾势殊，而事势异也。是故人君月有变，则省刑以德，恩从肆赦，故春秋有眚灾肆赦。"

刘向《洪范传》说："晦而月见西方，谓之朓；朔而月见东方，谓之侧匿。朓则王侯其舒言、政缓，则阳行迟、阴行疾也。侧匿则王侯其肃言、政急，则阳行疾、阴行迟也。舒者，臣骄而执政也。肃者，臣下恐惧太甚也。"

注释

和：相应，和谐。

疑：恐惧。

周易兑卦九二爻辞

九二。孚兑，吉，悔亡。

象曰：孚兑之吉，信志也。

白话文解释

九二：春季当令，五谷萌芽，初夏当令，甘雨时来，季夏当令，地无灾害，秋季当令，人民昌平，冬季当令，少生疾病，五季都当令，百谷成熟，日月光明。大吉大利，当然不会有悔恨。

《象辞》说：日月光明，五季当令而不失政的吉祥景象，是因为日月正常运行而诚实守信的原因啊。

古天文星象学提示

《尚书·考灵曜》曰："五政不失，日月光明；五政，谓四时及夏季之政也。"

《礼纬·含文嘉》曰："君道尊而制命，即日月精明。"

《孝经纬钩命决》曰："春政不失，五谷蘖；初夏政不失，甘雨时；季夏政不失，地无灾；秋政不失，人民昌；冬政不失，少疾病。五政不失，百谷稚熟，日月光明。"

注释

孚：诚实守信。

周易兑卦六三爻辞

六三。来兑，凶。

象曰：来兑之凶，位不当也。

白话文解释

六三：月亮在一年的运行中，总是偏离正常的轨道，预兆来年有战争爆发，也会盗贼四起。这是凶险的。

《象辞》说：来年爆发战乱和盗贼的凶象，是因为月亮所行不当啊！

古天文星象学提示

《河图·帝览嬉》说："月行一岁，不三出昴毕间，来年有兵。"

郗萌曰："月不道东西咸，必有贼。"

注释

咸，偏，与偏通。

周易兑卦九四爻辞

九四。商兑，未宁，介疾有喜。

象曰：九四之喜，有庆也。

白话文解释

九四：月亮经过商星（心宿）而没有聚集，因为月急速行，预示君主执政大展宏图，臣下迅速执行政令，这样，天下大安，五谷丰收，君主延年益寿，大喜之事。

《象辞》说：九四爻辞所讲的大喜，即是指将会延续福祚。

古天文星象学提示

甘氏曰："月经心，清明烈照，天主内明，必有延庆。"

刘歆曰："舒者王侯展意专政，臣下促急，故月行疾也；肃者，王侯缩讷不任事，臣下驰纵，故行迟也。"

京房《妖占》曰："月行南为旱，行北为水；当道天门、驷之间，天下大安，五谷大得，人主延年益寿。"

注释

商：商星，心宿。

宁，聚集，积聚。本作"宁"。后作"贮"。

宁，办积物也。象形。——《说文》。按，与贮略同。

介：因；凭借；依靠。

介人之宠，非勇也。——《左传·文公六年》

疾：急行，速行。

周易兑卦九五爻辞

九五。孚于剥，有厉。

象曰：孚于剥，位正当也。

古天文星象学提示

京房《易飞候》说："月当交而蚀，君子道长，小人道消。"

《帝览嬉》说："月食从上始，谓之失道，国君当之。从下始，谓之失法，将军当之。从傍始，谓之失令，相当之。

《梦溪笔谈》说："日月之行，日一合一对，而有蚀不蚀，何也?"余对曰："黄道与月道，如二环相叠而小差。凡日月同在一度相遇，则日为之蚀；正一度相对，则月为小亏。虽同一度，而月道与黄道不相近，自不相侵；同度而又近黄道、月道之交。日月相值，乃相凌掩。正当其交处则蚀而既；不全当交道，则随其相犯浅深而蚀，凡月食，月道自外入内，则蚀起于东南，复于西北；自内出外，则蚀起于东北，而复于西南。月在交东，则蚀其外；月在交西，则蚀其内，蚀既，则起于正东，复于西。"

《月食问答》说："日轮恒行黄道上，不出入内外。地体之影正对于日，亦必在黄道上，不出入内外焉。月轮惟行龙头龙尾之上，得行黄道，故望时月轮适当龙头龙尾，适过地影之内则食，若出黄道内外，或南或北，地影不便不能食，即食亦分秒不同。此望日日月虽对，而亦不能常食也。"

白话文解释

九五：太阳和月亮相遇，就会互相交错而遮掩。如果正好在黄道、月道的交点，就发生全食。这时会有失道、失法、失令的危险发生。

《象辞》说：太阳和月亮相遇，就会互相交错而遮掩。如果正好在黄道、月道的交点，就发生全食；假若不完全处在黄道、月道的交点上，就会按照它们相遮的程度不同而出现不同程度的偏食。

注释：

孚：符合，相合，相会。这里是相遇的意思。

剥：蚀，物体受到侵损。

厉，危险，损害。

出土文物证明

马王堆汉墓帛画《太一出行图》上，中间黄龙头顶一圆圈，代表黄道与月道正当相交时的月食与月全食。

周易兑卦上六爻辞

上六。引兑。

象曰：上六引兑，未光也。

白话文解释

上六：农历每月初时，上弦月之光特别盛明，光芒如同张弓四射。

《象辞》说：农历每月初时，上弦月之光特别盛明，光芒如同张弓四射。这预示着君臣之位不能发扬光大。

古天文星象学提示

京房《易飞候》曰："月之光如张芒，所宿之国立君；三齐所宿之国，立将军，上卿。"

《荆州占》曰："月上弦巳后盛，君无戕德，臣执权柄，人背君，尊其臣。"

注释

引：张，拉开弓弦。

未光：没有发扬光大，没有继承、延续。

第十七节　周易豫卦详解

豫卦原文

豫。利建侯行师。

象曰：雷出地奋，豫。先王以作乐崇德，殷荐之上帝，以配祖考。

白话文解释

豫卦：太白金星主掌大将和武器装备及征伐战争，用兵象太白金星出入行进，将有利于领兵出征，战无不胜，攻无不克，最后建勋封侯。

《象辞》说：上卦震为雷，下卦坤为地。阳气从地下奋发出来，形成很大的声音，这是豫的卦象。黄帝观此卦象，根据声音的缓急节奏，制作了五钟，用来明确和崇尚五德，并用歌乐盛典仪式进献太一天帝和先祖伏羲。

古天文星象学提示

石申说："太白者，大而能白，故曰太白。一曰殷星；一曰大正；一曰营星；一曰明星；一曰观星；一曰太衣；一曰大威；一曰太皞；一曰终星；一曰大相；一曰大嚣；一曰爽星；一曰大皓；一曰序星。上公神出东方，为明星。"

甘德曰："太白主大将，主秦郑。"

巫咸曰："太白主兵革诛伐，正刑法。"

石申曰："太白出则出兵，入则入兵，战则有胜；用兵象太白，吉；反之，凶。"

《管子·五行》曰："昔黄帝以其缓急作五声，以政五钟。令其五钟：一曰青钟大音，二曰赤钟重心，三曰黄钟洒光，四曰景钟昧其明，五曰黑钟隐其常。五声既调，然后作立五行。"（尹知章注：大音，东方钟名。）

豫卦的基本含义

太白金星也称为序星，序通豫，其卦象为豫卦。豫与象通，象，兵象太白金星之意。豫卦，由坤卦和震卦组成，下坤上震，坤为地，为顺；震为雷，为动。顺势而动，利于出征。

《管子·五行》中说：黄帝通晓阳气和阴气的规律，根据声音的缓急差别制定五声，用来规正五钟的音调。命定这五钟音调的名称，第一叫作青钟大音，第二叫作赤钟重心，第三叫作黄钟洒光，第四叫作景钟昧其明，第五叫作黑钟隐其常。五声调整好了，然后开始确定五行来规正天时季节，开始确定五官来规正人们地位。人事与天道协调了，天地的美好事物也就产生出来了。

在马王堆西汉帛书、帛画中，大音就是指青钟，也是寓意太白金星。

注释

太白金星：又称为殷星，豫卦有殷荐之意。

太皞，大皓：指我们的人文始祖伏羲。

先王：指黄帝，承前面的谦卦而来。

豫卦初六爻详解

初六爻辞

初六。鸣豫，凶。

象曰：初六鸣豫，志穷凶也。

白话文解释

初六：太白金星主管秋季，主政西方，主司金气，主掌兵权，主张杀伐。太白金星如果失行，将失秋政逆秋令，表现为秋季雷鸣电闪，导致来年歉收，是不祥之兆。

《象辞》说：初六爻辞讲秋季雷鸣，预兆来年因歉收而穷困，这是凶兆。

古天文星象学提示

石申曰："太白主秋，主西维，主金，主兵；于日庚辛；主杀，杀失者，罚出太白；太白之失行，是失秋政者也；以其舍命国。"

班固《天文志》曰："逆秋令、伤金气，罚见太白。"

《礼记·月令》曰："仲春雷始发声，仲秋雷始收声。"

周易豫卦六二爻详解

六二爻辞

六二。介于石，不终日，贞吉。

象曰：不终日，贞吉，以中正也。

白话文解释

六二：当太白金星逆行时，天空中必定会出现火流星。虽然时间只有几秒钟，但是光亮特别强，期间还发生空爆，发出打雷般的轰隆隆的声音。空爆之后，火流星的光线变暗并最终消失。这是吉祥的现象。如果有陨星坠落变成陨石，那么在陨石落下的地方，将有盗寇出没，凶险。

《象辞》说：火流星出现在天空中的时间不会很长，这是吉祥的预兆。因为六二爻处于下卦的中间正位，说明君主得到了中正之道。

古天文星象学提示

《荆州占》曰："秋三月，太白出西方，当白而不白，逆行；必有金石之妖，且见陨星坠为石，石之所下，寇至其野，凶。"

《荆州占》曰："太白逆行，失常，有兵革。"又占曰："王者失于秋政，则太白逆行，变色，扬芒，与他星含斗，环绕犯乘，变为妖星，彗扫其害庭，国破主死，天下皆兵，王者修德赦罪，存孤恤寡，薄赋省徭，可得无咎。"

注释

介：介入，在两者中间。表示陨星在天地之间飞行，还没有坠落下来，所以是吉祥的现象。

不终日：意思是不会一整天，时间不会长久。有诗云"飘风不终朝，骤雨不终日。"

小辞典

火流星现象，即较大的流星体陨落时产生的流星现象。火光现象应该是发生在距离地面 12 公里至 120 公里的高空，在这段空间流星体才会发亮。

它进入大气层的速度非常快，摩擦生热会把周围的空气加热到上万摄氏度，其表面温度能到 4000 摄氏度，这时候就会发亮。

明亮的火流星能把广大区域照得如月明之夜，甚至如同白昼。

当天空中的流星余迹被掩没时，又会出现烟柱似的尘埃余迹，可持续几个小时。

周易豫卦六三爻详解

六三爻辞

六三。盱豫，悔。迟有悔。

象曰：盱豫有悔，位不当也。

白话文解释

六三：太白金星失色，侯王会有忧愁。太白金星的变得又黑又圆有大忧，变成青圆状有小忧。太白金星运行迟缓，侯王会有忧悔。

《象辞》说：太白金星失色又运行迟缓，预示侯王将有忧悔，这是太白金星行处的位置失当啊！

古天文星象学提示

石申说："日方南，太白居其南；日方北，太白居其北，曰盈；侯王不宁，用兵进，吉；退，凶。日方南，太白居其北；日方北，太白居其南，曰缩；侯王忧，用兵退，吉；进，凶；迟，吉；疾，凶。"（日方南谓夏至后也，日方北谓冬至后也。）

石申又说："太白色猛赤，次白而苍，若悴而不光，是谓失色；虽得地位，击之必克；其黑圆忧，青圆小忧。"

注释

盱：《尔雅·释诂》忧也。此引申之义。凡忧者亦有张目直视者也。

周易豫卦九四爻详解

九四爻辞

九四。由豫，大有得，勿疑，朋盍簪。

象曰：由豫大有得。志大行也。

白话文解释

九四：顺从太白金星的五常之义，举止得体，依据太白金星五事为金言，所发出的号令，人民必将遵从，如用簪盘发迅速聚集而来一样。

《象辞》说：顺从太白金星的五常之义，举止得体。说明号令天下，人民跟从。

古天文星象学提示

《五行传》曰："太白者，西方金精也。于五常为义，举动得宜；于五事为言，号令民从。"

注释

朋：朋友。盍：相合。

簪：聚拢头发用的发针，古代男人与女人都用簪子聚拢头发。

朋盍簪：是指将朋友聚集起来，就像用簪子聚拢头发一样。

小辞典：五常，五德

五行配五事和五常。五事即五种人事，具体是指貌、言、视、听、思。配以五行，貌配木，言配金，视配火，听配水，思配土。五常亦称五德，即儒家所说的仁、义、礼、智、信。汉儒郑玄注

《礼记·中庸》时说："木神则仁，金神则义，火神则礼，水神则信，土神则智。"另有一说是，土为信，水为智。

周易豫卦六五爻详解

六五爻辞

六五。贞疾，恒不死。

象曰：六五贞疾，乘刚也。恒不死，中未亡也。

白话文解释

六五：用兵要仿效太白金星的出行缓疾，这样才会处于不败之地。

《象辞》说：六五爻辞讲太白金星运行疾速，用兵也应该刚强迅猛。预示用兵常胜，是因为没有忘记太白金星是主管战争之神。

天文星象学解释

石申曰："太白兵象也，行疾，用兵疾，吉；迟，凶。行迟，用兵迟，吉；疾，凶。太白行疾，前用兵者善；行迟，后用兵者善；太白所居久，其乡利；所居易，其乡凶。太白出高，用兵，深吉浅凶；出卑，浅吉深凶。"

注释

亡：与忘上古同属明纽阳部，同音通假。亡的本义是逃跑。通忘，忘记。《诗经·邶风·绿衣》："心之忧矣，曷维其亡？"（心中的忧伤呵，何时将它遗忘？）《礼记·檀弓下》："调也，君之亵臣也，为一饮一食亡君之疾。"

周易豫卦上六爻详解

上六爻辞

上六。冥豫，成有渝，无咎。

象曰：冥豫在上，何可长也。

白话文解释

上六：在黄昏时分，西方余晖中有时会出现一颗非常明亮的"昏星"，人们叫它"长庚星"，正常颜色是青白色。而在天亮前后，东方晨曦中有时会出现一颗非常明亮的"晨星"，人们叫它"启明星"，它的颜色应该是淡黄色。如果太白金星的芒角变动，就要审察五色加以识别，这于占星是有帮助的。

《象辞》说：当太白金星黄昏时出现在天空上，改变了其常有的颜色，怎能长久。

古天文星象学提示：

《诗》曰："东有启明，西有长庚。"郑玄曰："日既入，谓明星为长庚。"

《荆州占》曰："太白出东方，色黄而明，旱；黄而不明，此常色也。太白出西方，其高而色正白，旱；若色青白，此其正色也；即变其常，以五色占。"

注释：

冥：幽也，暗也。

渝：改变。成：既定的，常态，常色。

成有渝：即为改变其常色。

　　本章十七个卦爻卦象的释读就到这里了。这只是易经六十四卦中关于天文的一小部分。孔夫子曾在《系辞》中解释八卦的来历，说伏羲统治天下时，抬头上观天象，低头下察地形，创造出八卦，用来说明阴阳二气的功能，此类万物的形状，贯彻太一的德行，达到循名复一之道。

　　有诗为证，诗曰：

霜降吹律

红叶新染霜，寒露早浸山。

秋蝉林间喋，荷叶郊外残。

玉律吹无射，雁归下衡阳。

才喜稻谷熟，兄弟已远航。

第十二章　结论

词曰：

采桑子·立冬

立冬闭户谁识记，辰光芒芒。圣恩荡荡。天下和平奉明王。

浊酒几壶烟火拾，三五同伴。品味时光。万物休养治德常。

　　我们发现自己处在百年未有之大变局的世界中。我们仿佛听到了闷雷一般的巨响从远方传来，单极世界的格局已经出现了雪山崩塌的前兆，环顾四周，发现整个地球村谁也不能够安居一隅而独善其身了，进入了一个打破旧秩序，重建新秩序的阵痛之中。我们不禁要问：我们将要何去何从？老祖宗描述的宇宙会是什么样子？世界未来的前景在哪里？

　　我们从前面的章节知道了，时间和空间的本原来自气，气，又叫作元气、真气。中国古代原本称之为炁，它是一股无明之火，它看不见摸不着，但万物能够感受到它的热效应，现代物理学称呼为引力波，是一股能量的清气。所以，万物生长离不开它。

对炁的形容和描述，中国传统文化的经典著作中有大量的章句。现在总结如下：

《易经》的阴阳二气"周流六虚"卦气论，演示阴阳二气在六合宇宙空间的变化，产生"生、克、制、化"的气机规律，追溯万物的原始形态，寻求世界最终的结局，总结这些自始至终地反映事物本质的道理，归纳为六十四个卦体，使得人们把握时代潮流。

《道德经》"冲气以为和"的宇宙生成论，描述了"一"是"道"所产生的虚无之气，"二"为阴阳二气，它们相合而为"三"，即和气，从而产生出了万物。

由此我们可以看出：有是从无中产生的，再由阴阳二气相互作用形成了冲气，化生出天地万物，生生不息，繁衍不止。

《庄子》的"通天下一气"论，继承了黄帝老子"气"在中国传统文化中的本体论思想，说明了天地万物的本原为"气"，以及与宇宙时空的生成关系，庄子用"生死"这个生命过程来阐述"气"的变化过程，"气"的离散聚合决定着人的生死变化。其归根到底是"道"在贯通时空之旅，即化生万物又是万物的最终归属。所以说，大道至简！最后发展为超越时空、超脱生死的逍遥自由之精神境界。

《管子》的"精气"论，继承了老子关于"道"是宇宙万物本源的思想，对阴阳之气的本体意义作了进一步的发挥和论证，提出了精气的概念，说明精气对宇宙万物的普遍性与变化关系，为中医基础理论"精气神一体化"开辟了道路。

《黄帝内经》的"气为一元"论，揭示了时空为一体，人的身体即小宇宙的世界本原。元气是万物产生的根本，元气的运行是时间与空间变化的原因。天地万物皆秉承一气，我们的身体也是与之相互感应，相互化合，相互联系成为一个有机的整体。这就是中医用君臣佐使药物引导气机、侯气针灸、导引推拿治疗疾病的基本原理。

《鹖冠子》的"泰鸿之气"论，提出了元气是万物的最初形态，它最接近于道又不等于道，是最原始的气。在中国哲学史上，其意义是从老庄的无形无象道气与虚空之气发展为阴阳二气化生的初始状态，即物质形态的元气。其元气哲学理论，既继承了黄帝、老子开创的道气思想，又可与《管子》《列子》以及《吕氏春秋》互相印证，还对后来西汉和东汉的"元气"思潮的涌现，发挥了巨大的启蒙作用。

随着我国考古事业的发展，大量的出土文物面世，各界学者辛勤参与破译与解读，才使得像《太一生水》竹简，马王堆西汉帛画、帛书这样的稀罕文物震惊世界，特别是其中的黄老哲思，才得以让人见识元气的庐山真面目。

马王堆西汉帛画《太一出行图》，就已经形象地描绘了元气与天气的关系。而马王堆西汉帛书中的八卦，就用易理术数具体方式解释天气（五运六气）运行以及对人类的影响。

对炁的合理化利用，我国古代的诸子百家都有自己的一套思想和方法。

丹道家（神仙家）就给出了"炼气化精，炼精化炁，炼炁化神，炼神还虚"的修炼程序。这种将物质、能量、信息相互转换，从有到无，回归道的本体，以图获取无穷无尽的能量，也不失为一种上乘的养身修行法。

兵家（兵阴阳）运用刑德小游大游理论，推演天气能量对人的影响，例如马王堆西汉帛书《刑德乙篇》的风占，是以太阴（天一）行五方时风气变化为占，依此判断战争的胜负。

中医家根据元气与五运六气对环境、人体的作用，比如，《黄帝内经·灵枢》的九宫八风占是以太一行九宫时气变为占，依此判断疾病变化的好坏，从而发明了中草药、针灸等一系列的方法，帮助人们保健养生和治疗疾病。

现代的物理学家正在研究引力波，包括宇宙大爆炸时期的原初引力波和星球之间的引力波。其观测工作已经取得了一定的成效。

生命科学中的分子生物学家，利用细胞吸收和分配能量，建立起个性生命的同质化传递机制——遗传理论。发现了遗传密码子的起源是原始生命从能量转换到信息化的过程，似乎有点像丹道家的"炼炁化神"的经历。他们发展了基因检测、基因工程和基因的免疫细胞治疗技术，用来帮助人们治疗疾病，恢复健康。

从前面的文章里我们已经知道了，人文始祖的思想都概括在他们的易经之中，对中华文明的发展起到极大的引领作用。我们现在归纳一下，可以有一个更清晰的了解。

黄帝八卦，也是中天易，它是以地球（中宫土）为中心，作为出发点，观测太阳和水星在天空中运行的规律，总结出四季循环往复，五运六气流转对地球上的万物，特别是人体经络运行的影响，描述了刑德之气（引力波）的运行机制，是中医藏象理论的基础，所以称之为归藏卦。

神农八卦，即为后天易，它以太阳为中心，按照离太阳的远近，将太阳系的行星排列顺序，用来定位宇宙空间，并告诉我们本身处在宇宙的哪个位置。

它是中华民族最早的文明汇集，它也是对自然的天文现象最早的研究与总结。

伏羲八卦，称为先天易，以银心（银河系的中心）为中心，完美的记载银河系的四条旋臂，运用了宇宙的最高法则——河图，河指天河，即银河，讲述了宇宙空间的运行程序。

据现代天文学家了解，银河系是漩涡星系，从里向外伸出了四条旋转的"手臂"：人马座旋臂、猎户座旋臂、英仙座旋臂和三千秒差距臂（天鹅座）。每条"手臂"都是气体、尘埃和恒星们聚集的地方。我们人类所居的太阳系，就位于人马座旋臂与英仙座旋臂之间的猎户座旋臂上，距离银河系中央大约 2.6 万光年。我们可以大胆联想一下，马王堆西汉帛画中的青龙奉容画像，是否也是这条猎户座旋臂与太阳的关系呢？是不是演变成后来出现的双龙戏珠呢？将黄首青身龙奉容进行拆分，不就正好是一青龙（参宿）一黄龙（轩辕星）围绕着太阳而运行吗？象征着我们炎黄子孙紧密团结在一起，以伏羲始祖的制定的规矩为核心，继续不断地发展、壮大。

我们发现，银河系里的一切天体，都以银心为中心，都朝着同一个方向、在同一个时空上运行。这表明银河系里的所有星系都是由同一个旋转着的星云形成的。

回到我们人类命运的问题上来，我们的灵魂归属又在哪里？宇宙精神（太一）发出了召唤，中华文明源远流长、博大精深、灿若星河，总是要回归到自己原来位置上去的，既然中华文明是世界文明的源头，自然也是世界秩序和规矩的执牛耳者，伟大复兴的任务就是要用中华文明，去引领世界秩序进入符合天道的规矩中去，为此就要求我们炎黄子孙奋发图强，自强不息，奋斗不止。

伏羲八卦"争"的精神，对于内在自我就是要争一口气，力争上游干好自己的事情。对于时间是"一万年太久，只争朝夕"，对于外界，与天争与地斗，其乐无穷。

神农八卦的德配其位的理念，行事如水，柔节先行，不为天下先，最终以坚韧不拔的耐心取得成功。

黄帝八卦刑德兼顾思想，告诉我们，刑德的光辉如日月一样时刻照耀着，法制与德育相辅相成、相互配合，以便达到垂衣裳而天下大治的理想愿景。

在历史的星空，三皇（伏羲、神农、黄帝）的八卦演示了精彩的宇宙运行图式，马王堆西汉帛画又生动地描绘了这样的宇宙程序。黄帝老子的思想已经指出了人类命运的归属就是天人合一。人类发展必须上合天道，以法为容；下顺民心，刑德并立，文武兼用；中顺其自然，以造化为炉，无为而治。

现在，新的国际格局发展脉络清楚地显示，人类命运共同体正在构建，一个新的世界正在出现。

有诗为证，诗曰：

小雪烂漫

嫩绿浮叶起烂漫，枫红杏黄扮靓妆。

点点音符初落雨，款款风情舞柳裳。

格桑蜂语胜娇艳，喜鹊闹枝触心弦。

但将小雪作早春，玲珑流光静养藏。

参考文献：

李零：《中国方术考》，中华书局 2012 年 7 月

潘雨廷：《易学三种》，上海古籍出版社，2005 年 11 月

潘雨廷：《读易提要》，上海古籍出版社，2006 年 7 月

潘雨廷：《周易虞氏象释　易则》，张文江整理，上海古籍出版社，2009 年 3 月

萧洪恩：《易纬文化揭秘》《易学文化丛书》，张其成主编，中国书店，2008 年 5 月

瞿昙悉达撰，常秉义点校：《开元占经》，中央编译局出版社，2006 年 9 月

陈松长：《马王堆帛书研究》，商务印书馆，2021 年 5 月

陈建民：《湖南出土帛画研究》，岳麓书社，2013 年 10 月

唐明邦、张武、罗炽、萧汉明编：《周易纵横录》，湖北人民出版社，1986 年 11 月

秦新华：《八卦图与 DNA》，《潜科学》1984 年第 1 期

李树菁、段长山、徐道一：《周易与现代自然科学》，中国社会科学出版社，1990 年 10 月

冯时：《中国天文考古学》，中国社会科学出版社，2007 年 1 月

廖名春：《帛书（周易）论集》，上海古籍出版社，2008 年 12 月

胡文辉：《中国早期方术与文献丛考》，中山大学出版社，2000 年 11 月

田合禄、田蔚：《中医运气学解秘——医易宝典》，山西科学技术出版社，2002 年 1 月

吴光：《黄老之学通论》，浙江人民出版社，1985 年 6 月

张君房：《云笈七签》，中央编译出版社，2017 年 1 月

叶蓓卿译注：《列子》，中华书局，2011 年 5 月

陈广忠译注：《淮南子》，中华书局，2015 年 7 月

赵在翰辑，钟肇鹏、萧文郁点校：《七纬》，中华书局，2012 年 9 月

郭璞注，王世伟整理：《尔雅注疏》，上海古籍出版社，2010 年 10 月

孔安国传，黄怀信整理：《尚书正义》，上海古籍出版社，2007 年 12 月

董光璧：《易学与科技》，沈阳出版社，1997 年 5 月

李聃、乙力：《道德经》，三秦出版社，2009 年 8 月

朱玉贤、李毅：《现代分子生物学》，高等教育出版社，2002 年 7 月

谢浩范：《管子全译》，贵州人民出版社，1996 年 6 月

黄怀信：《鹖冠子汇校集注》，中华书局，2004 年 10 月

尸佼，黄曙辉校：《尸子》，华东师范大学出版社，2009 年 11 月

陈鼓应：《庄子今注今译》，商务印书馆，2007 年 7 月

高明：《帛书老子校注》，中华书局 2020 年 3 月

裘锡圭编；湖南省博物馆、复旦大学出土文献与古文字研究中心 编纂：

《长沙马王堆汉墓简帛集成》，中华书局，2014 年 6 月

刘乐贤：《马王堆天文书考释》，中山大学出版社，2004 年 5 月

刘乐贤：《简帛数术文献探论》，中国人民大学出版社，2012 年 6 月

陈赛：《治愈糖尿病？——"奇迹"之后的漫长追索》，《三联生活周刊》，2012 年 2 月

魏启鹏：《马王堆汉墓帛书（黄帝书）笺证》，中华书局，2004 年 12 月

张松辉译：《抱朴子内篇》，中华书局，2011 年 10 月

查锡良，药立波主编：《生物化学与分子生物学》，人民卫生出版社，2013 年 10 月